Summer Word Search Large Print

Disclaimer

Copyright © 2022

All Rights Reserved.

No part of this book can be transmitted or reproduced in any form including print, electronic, photocopying, scanning, mechanical or recording without prior written permission from the author.

While the author has taken utmost efforts to ensure the accuracy of the written content, all readers are advised to follow information mentioned herein at their own risk. The author cannot be held responsible for any personal or commercial damage caused by information. All readers are encouraged to seek professional advice when needed.

A Day At the Beach 1

```
G S I T R O F D N A S E O L I Y W S
A N A J G K M O I E Y E B P H G R C
K M I N B N T D D D J C O J G N V C
E E G Y D M I A Q N D E A E N I A I
Z T I N L C O F Q D N E T T I H M E
X C I L I F A Q R Y R B I S H T A L
S M F N I L E S F U G S N K S A X L
C C E C F O D T T N S I G I I B Y A
U O U A U L N D I L M R A I F N C B
B U Y L A U E B A K E F U N S U S Y
A D O M R O B O F P H V Y G A S O E
D D N V O A S N O R K E L L I N G L
I K I T R T G N I N N U R F I S L L
V C T C H L P D V J U D A O B F Q O
I E F X M B S H E L L S Z U I R C V
N U F O S C A V E N G E R H U N T X
G V I X T X P Y N E F J V E B A V Y
```

- ☐ surfing
- ☐ sunbathing
- ☐ paddling
- ☐ luau
- ☐ jet skiing
- ☐ kite flying
- ☐ fishing
- ☐ shells
- ☐ crabbing
- ☐ surfing
- ☐ boating
- ☐ snorkelling
- ☐ scuba diving
- ☐ scavenger hunt
- ☐ sand fort
- ☐ frisbee
- ☐ sandcastle
- ☐ running

A Day At the Beach 2

```
V I U E B K E O Y A R G N I T S E
E R T E O C S U M K O X A N W O N
F O Z D A U U P I A P Y K V I C D
W C M Y R L D M K C R E O O P C L
P K T S D T D F Y E E O I D A E E
E Y O S W O A U T Y A C R Z R R S
U P J A A P S A M W O I R D A G S
C D S R L N W L K O F B J E S U N
E V E G K U A U L T M R H G A I U
B I S D L K Z E W E S P S G I M K
R F K E W B N O C A H B I A L O A
A R J R A O O F N O M S F J I E Z
B A G R A D R D F O O X R S N C S
R H C R T H B C Q T S K A A G A W
F W Y I P A S V B N F C T C W F R
Z L E F R D O M Y U O H S P U R I
```

- ☐ parasailing
- ☐ shells
- ☐ soccer
- ☐ boardwalk
- ☐ crowded
- ☐ driftwood
- ☐ endless
- ☐ crab
- ☐ rocky
- ☐ sandbar
- ☐ jagged
- ☐ grassy
- ☐ ocean
- ☐ water
- ☐ wharf
- ☐ starfish
- ☐ shark
- ☐ stingray
- ☐ ice cream
- ☐ barbecue
- ☐ potluck

Summer Clothes 1

```
H  I  C  A  T  E  L  G  N  I  S  O  M  I  N  P  F
M  O  T  N  O  E  W  S  K  N  U  R  T  S  K  O  L
U  Y  A  F  D  E  I  B  U  U  K  T  F  M  X  L  I
P  U  H  F  I  O  B  A  T  H  R  O  B  E  E  O  P
G  Y  P  E  X  Y  V  U  T  R  I  H  S  T  G  S  F
T  A  N  K  T  O  P  E  B  L  O  U  S  E  O  H  L
C  R  U  I  C  D  U  T  R  B  A  M  U  F  G  I  O
Y  S  S  N  I  Y  E  D  N  A  B  K  K  O  G  R  P
C  W  H  I  J  P  S  A  T  O  L  I  T  R  L  T  S
H  I  O  K  I  I  E  O  X  I  S  L  Y  U  E  I  I
I  D  R  I  T  H  N  E  M  T  S  T  S  E  S  Z  E
I  E  T  B  S  D  R  I  E  Y  E  S  L  R  K  I  C
S  O  S  Y  I  S  E  I  K  G  P  N  E  E  O  N  E
K  O  J  E  E  W  Z  Z  M  I  R  I  Z  R  B  O  U
S  U  N  G  L  A  S  S  E  S  B  O  E  I  D  M  E
C  A  R  G  O  P  A  N  T  S  J  E  X  A  M  D  Y
```

- ☐ T-shirt
- ☐ Dress
- ☐ Singlet
- ☐ Sunglasses
- ☐ Trunks
- ☐ Hat
- ☐ Polo Shirt
- ☐ Overalls
- ☐ Bikini
- ☐ Shorts
- ☐ Tank top
- ☐ Flip flops
- ☐ Bathrobe
- ☐ Belt
- ☐ Bikini
- ☐ Blouse
- ☐ Boxers
- ☐ Cap
- ☐ Cargo pants
- ☐ Goggles

Summer Clothes 2

```
Y F E S R Z P X S C B C D N S Q U S
A A K N F S K U X O W Y P A A K T L
S A M A J A P C R S C T Y S E S E E
P O T F R A C S P S Q O J A T U L E
S H O X T U U O S K E V S W C O G V
J U E Y Q O L E H I K E R R R S N E
D T N X S F V D O U C R E E O E I L
L A N G P L Y E R E A A K M S T S E
O Q K I L F I S T E P L A U S T M S
I F L Y I A I N S P S L E F B O D S
F F G Y C P S J G R O S N R O L E S
K F S I P T R S P B K T S E D U R H
R U L E K W F J E I A Q K P Y C B I
Q N S X D G N S R S Y C R N B Q Y R
M N W S M O U T Z A A I K T A E H T
H A W A I I A N S H I R T N G T A D
G I Y U L H O B S F Z A O O K T D
```

- ☐ Crossbody Bag
- ☐ Culottes
- ☐ Derby Hat
- ☐ Dress
- ☐ Flip flops
- ☐ Hawaiian shirt
- ☐ Tanktop
- ☐ Overalls
- ☐ Pajamas
- ☐ Perfume
- ☐ Purse
- ☐ Scarf Top
- ☐ Shorts
- ☐ Singlet
- ☐ Skirt
- ☐ Sleeveless Shirt
- ☐ Slingback
- ☐ Sneakers
- ☐ Sunglasses

Summer Fruits

```
N B P I I U E T A C P U Z A E G N
S G U C W Y R R E B E U L B V B E
A R Y W R D M Y M U L P K C A L B
P O Y C H E R R Y O Y Z E S J A D
E Q V E L Q Q W D N Y O P E M C T
L N O M E L S V C O R A M H Y K I
O D A C O V A E X L Q A A C T B U
V P H S M U S K M E L O N A U E R
M A B A N A N A M M O T G E N R F
I Q Z D P L I M E R R E O P O R K
R D U R I A N Y A E U I C E C Y C
P N K I W I P P M T E E A Y O P A
O E X P N H P A U A S I A Y C E J
Y R R E B L U M Y W T I U E R A F
V Y Y R E T D M O A M N C E P R K
F T Q E T C S E P A R G O R W U E
```

- ☐ Avocado
- ☐ Apple
- ☐ Banana
- ☐ Coconut
- ☐ Papaya
- ☐ Lemon
- ☐ Kiwi
- ☐ Pear
- ☐ Mango
- ☐ Cherry
- ☐ Blackberry
- ☐ Blueberry
- ☐ Grapes
- ☐ Muskmelon
- ☐ Jackfruit
- ☐ Lime
- ☐ Peaches
- ☐ Watermelon
- ☐ Mulberry
- ☐ Black plum
- ☐ Durian

Summer Vegetables

```
B E R R Y O A S B S S I F P N S Q
G U T N W X O C A P S I C U M A P
U H O R W K O T N A L P G G E J X
X C O K R E J G S E U R E P P E P
C E T A S A N F S H S A U Q S Y Y
H C A N I P S L H M S P D I F W B
S F T B P M V T O H T U G R T Y B
C P O O Y D N V A O U S I I T J R
C E P F A A Y L M L H J N F J S O
R U F A R S L A T F C V G A O D C
I T C A E O T B P L F I E R E S C
C A M U T O N O L E M Z R A J B O
O A A B M P N A W S R E G O Y F L
R A E D E B T N M U L E I U J O I
N U D A C O E W H S O S N E E R G
C R S E J P F R E C U T T E L Z S
```

- ☐ Cucumber
- ☐ Tomato
- ☐ Pepper
- ☐ Squash
- ☐ Sorrels
- ☐ Beans
- ☐ Greens
- ☐ Berry
- ☐ Potato
- ☐ Peas
- ☐ Okra
- ☐ Lettuce
- ☐ Eggplant
- ☐ Amaranth
- ☐ Spinach
- ☐ Corn
- ☐ Melon
- ☐ Shallot
- ☐ Broccoli
- ☐ Capsicum
- ☐ Ginger

Ice Cream Flavours

```
P V N I P N Z J K C F P O F Y R O O D Q
D E K A C Y A D H T R I B U H W N M K C
Z F K N H O O A L L I N A V C D N O T J
S Q N E O P X Z C R O I D A A Y S D L C
P U D F C U O E U R I N M A E F M U N O
M M C H O C O L A T E C H I P U P U M F
N A T I L O P A E N O R E O R N I U B F
L Y H M A E R C N S E I K O O C S U A E
M M T U T P A S S I O N F R U I T Y U E
O U R Y E N N O E M Z I P P R T A I Q G
T P N N U T E L L A E C C G E S C P Z D
E Y O S A U O A N S U M M R G E H B N A
E M D A O R Y K C O R P P D E R I V S C
S U N K T S T R A W B E R R Y A O Y W N
H G U O D E I K O O C C Y I U C H S U Y
T U N A E P C I C A P A X S F X F T Y S
N W S X I H S F N U Y N S E D A S G Z M
S P A S A A Q C X F N T Z Q I L S M Q M
S I I D U W H X V T F P N U M I N T O O
```

- ☐ Chocolate
- ☐ Vanilla
- ☐ Strawberry
- ☐ Chocolate Chip
- ☐ Butter Pecan
- ☐ Cookie Dough
- ☐ Cookies N' Cream
- ☐ Rocky Road
- ☐ Coffee
- ☐ Chocolate Chip
- ☐ Pistachio
- ☐ Neapolitan
- ☐ Birthday Cake
- ☐ Mint
- ☐ Nutella
- ☐ Nuts
- ☐ Oreo
- ☐ Passionfruit
- ☐ Peach
- ☐ Peanut
- ☐ Pecan

Summer Weather Terminology

```
K B M S I X O Y J M B A S K K F I
C C L M N A N I N A L A Y S O D T
B Z Y G G U M Y C L F F S C W L M
T H U N D E R S T O R M T O Y I C
H R N R D P O N I N L E E R J M S
T M P S E R I F D L I W A C E O D
T R O P I C A L S T O R M H N N E
E V I S S E R P P O B M Y I A C V
E M Y K C I T S L A C O M N C U A
V A E S T I F L I N G Y A G I E W
G N I R E T L E W S H B O L R Z T
C V C O K K K V Z W O A F N R B A
B E A Y O Y U L V E T L Y P U T E
J Z P L X D Y O N A N M R E H O H
F W O H U M I D W T A Y S M D C E
T Y U U I Q W M R Y E D U I R A U
```

- ☐ Balmy
- ☐ El Nino
- ☐ Hot
- ☐ Humid
- ☐ Hurricane
- ☐ La Niña
- ☐ Mild
- ☐ Muggy
- ☐ Oppressive
- ☐ Scorching
- ☐ Steamy
- ☐ Sticky
- ☐ Sweaty
- ☐ Stifling
- ☐ Sweltering
- ☐ Thunderstorm
- ☐ Tropical storm
- ☐ Wildfires
- ☐ Heat Wave

Summer Drinks

```
E N U R L E M O N A D E S B F B M E
G C I E U M D M I L K S H A K E G N
T M C D O O T O R A N G E J U I C E
E I E H R R P W A T T B E E Z T F T
C L D W A T E R A K N O F Q Y J F U
I K T F O Q U D Z G T B F E A B D U
U P E T A L O C O H C T O H O R U X
J H A K D E R E T A W X C S C U I M
O R Y P C A C C Q P W M U M O E Z J
A J U C B F F I V P Y H G N C Q Z O
C C R K L I M T U N O C O C F P R S
S O D A L E C I U J O T A M O T I G
T A U U C T S M O O T H I E I R P E
R T R P E N Q I H Z E I O F E M N S
U A S A L E M O N A D E U E A I M O
Z E K A H S K L I M P S B R W E X T
N N J S D I I E F U R B F F F T O F
```

- ☐ Wine
- ☐ Coffee
- ☐ Lemonade
- ☐ Iced tea
- ☐ Hot chocolate
- ☐ Juice
- ☐ Milkshake
- ☐ Water
- ☐ Tea
- ☐ Milk
- ☐ Beer
- ☐ Soda
- ☐ Tomato juice
- ☐ Smoothie
- ☐ Milkshake
- ☐ Coconut milk
- ☐ Orange juice
- ☐ Lemonade
- ☐ Fruit juice
- ☐ Cocoa
- ☐ Water

Food Items

```
C T O E Q C C E C E F E D I O W U U R U
V G L U E L M R P Y I M I P S I F U U L
S E S U S H I I A S J Q I E A H R W E S
R X H O L S E G T I Y C B Y S A I T M D
E F I M R U J U B A N H M I H M E O R A
D I D C J R N G G C W U I M I B D A Y U
N E K C I H C O A P G N U K M U R S I U
E S A C G R O A N P E F B O I R I T W C
T G J U F R E N C H F R I E S G C P B I
N O O D O E A Z Z I P W C P Z E E W N Z
E D I C E C R E A M T S J N O R Y O P D
K T D E B F S W N F D Y E C F S R R F A
C O T C O O Y N W O I I U S K A E O L L
I H T O I O M U S M I D A R C G B O N A
H N E K C I H C O A S T L A R E N E G S
C H R I N A Y I R I B E M U Q Y F H U U
M J U P I H V C A I M W B N B U N C H A
M O R E O S K X F E O I A M F N O D U A
L D U O S X D O T A C O E U S V T C C E
```

- ☐ Macaroni
- ☐ Pizza
- ☐ Burger
- ☐ Fried Rice
- ☐ Toast
- ☐ Doughnuts
- ☐ Ice Cream
- ☐ Chicken Tenders
- ☐ Oreo
- ☐ French Fries
- ☐ Hot Dogs
- ☐ Hamburgers
- ☐ Salad
- ☐ Biriyani
- ☐ Kung Pao Chicken
- ☐ General Tsao Chicken
- ☐ Banh Mi
- ☐ Bun Cha
- ☐ Sushi
- ☐ Sashimi
- ☐ Dim Sum
- ☐ Udon

US Beach Cities

```
C O V X G M Y E A U T U U O Z W H I M
M V T A N P O Y U P H A U O P H U I U
Y C A N N O N B E A C H V Q A S A U U
I R E H O B O T H U A A T D P M Q K D
W R T A R K Y D X B E R T Z I N I A F
S N S M Y N A B H A B A X H D U E R J
K E E Y T O Q R F N Y L E Q U H O A S
C I W T I C N O P A L E K P S S W B O
U X Y Y C E M F A R L P R G P R E R F
T O E B N A W Q I R O I A H E K L A E
A G K E A N S C A A F N P A O O L B I
G U M E E S N T U G M N Y L G G F A L
U N N Y C P N C N A T U R E E K L T L
A Q O S O R W E I N H S U I I T E N V
S U R K W I Z M S S N V B W D A E A E
F I J O S N S Y E E Y R S A N M T S S
E T I E H G E M U T P E A P A P R R E
T N I J P S U O V T C O O P S A E A J
```

- ☐ Asbury Park
- ☐ Nags Head
- ☐ Saugatuck
- ☐ Cannon Beach
- ☐ Ocean City
- ☐ Haleiwa
- ☐ Rehoboth
- ☐ R on
- ☐ Tybee
- ☐ Santa Barbara
- ☐ Ogunquit
- ☐ Folly Beach
- ☐ Paia
- ☐ Wellfleet
- ☐ Narragansett
- ☐ Ocean Springs
- ☐ Key West
- ☐ Miami
- ☐ Tampa
- ☐ San Diego

Words to Describe Summer 1

```
T B L A Z I N G I A Z T A C E B O
E Q C D P W D D S V P M I Z A D F
I B M E V I T C A D Q S Q L Q Y Z
C L O U D L E S S E Y E M S S Q I
B O I L I N G E Z G A Y I Y V O S
B E A U T I F U L T C E F R E P G
L M A T E P B U R N I N G M A Y N
U I D T B S Y G G U M L L B M Z I
F E V I S S E R P P O A L N C E R
R Z E O O I I E U I C A A X L E E
E O U T D O O R G I Z T O R E R T
E E I F H N V M G E U Q Z K A B S
H P U U Z I X A D R P I F M R A I
C A H A I R M E A I A O K A C I L
O I S I U N P L I T B R I G H T B
I P D Y S N Q H O B V Z O S H H V
```

- ☐ ablaze
- ☐ active
- ☐ balmy
- ☐ beautiful
- ☐ blazing
- ☐ blistering
- ☐ boiling
- ☐ breezy
- ☐ bright
- ☐ burning
- ☐ cheerful
- ☐ clear
- ☐ cloudless
- ☐ magical
- ☐ moist
- ☐ muggy
- ☐ natural
- ☐ oppressive
- ☐ outdoor
- ☐ perfect

Words to Describe Summer 2

```
R K I O O B I X F L G N I T S A O R
X K S D C U E U Z E Y M A E R D Q W
S S B M K K X A I I M T N O U W J O
G L S B A S L L N S L A K E S I D E
N U Y U T Z Q A R U T D Y R R A T S
I F G P J S S N E R F I E S N I G L
H T M V O A T O F E E N D L E S S L
C H I T D R E I R L R E L A X I N G
R G T G A D A T E Y Y M B M U D U M
O I T N C N M A S U O E Y N S E R I
C L K P X A Y S H I C G M T O L Z X
S E O T I Y E N I O I W O S D L O I
F D M H E A V E N L Y D S K O I Z U
R D I M U H D S G J T T M S E R C S
E F G O R Y Z S I Z Z L I N G G E E
S Y C P H A P P Y J C M G P R E Z O
H R E D H O T E C T J E N B J N I P
```

- ☐ red hot
- ☐ refreshing
- ☐ relaxing
- ☐ roasting
- ☐ scorching
- ☐ sensational
- ☐ sizzling
- ☐ starry
- ☐ steamy
- ☐ delightful
- ☐ dreamy
- ☐ endless
- ☐ fresh
- ☐ grilled
- ☐ happy
- ☐ heavenly
- ☐ humid
- ☐ lakeside
- ☐ leisurely
- ☐ light

Words to Describe Summer 3

```
S I P B E L W D F R S S S B A D
U P V I O Y O F A O G Z U M J D
L U M Y E H I V N T S E N P A E
T E U N F O R G E T T A B L E H
R P S N Y G G Z I L M R A W I C
Y A U T F I E F B R Y M K T G N
A Z N Y U K L L P D B H E N N E
L S F E I I E E T X Z D A I R
U M I P N X Y S P I E U J D R D
F Y L G W B S R T K R E N R E N
H N L O T I N J E H U R M E T U
T N E B K G T Q N M N L Z V L S
U U D N W X U C M A M I F T E Y
O S U D A C V D A O U U N I W C
Y S W I S U N B U R N T S Q S B
```

- ☐ lovely
- ☐ stifling
- ☐ sultry
- ☐ summery
- ☐ sun-baked
- ☐ sun-drenched
- ☐ sun-filled
- ☐ sun-kissed
- ☐ sunburnt
- ☐ sunny
- ☐ sweltering
- ☐ unforgettable
- ☐ verdant
- ☐ warm
- ☐ youthful

Summer Travel Spots 1

```
P O S I N D I A N A P O L I S E D D C
R W N E W Y O R K C I T Y I B O A S O
N J A C K S O N V I L L E B O P A W M
R O J S Y E X I N E O H P E V N Q A D
S X N C H A R L O T T E M E D W L E D
W A M I I I S F K F E T R I A S A M O
T S N A T P N Y E N P T E R H U J B Y
E L A A I S N G P O A G P E O B H O Y
L M A N N H U Q T E O P S I U M L G Y
T Z D H F T P A E O J X A U S U O A F
T W S U S R O L O P N M L P T L S C E
A Z U E C U A N E N E C L Z O O A I R
E S O J N A S N I D Q S A A N C N H E
S D C D Y E D H C O A T D I U C G C V
I S E K P E C B R I B L F P W V E U N
Y Y Z Y C U N F D C S S I U M O L G E
H T R O W T R O F I K C T H U O E O D
A I G M I Y C Y X I G J O D P W S M I
```

- ☐ New York City
- ☐ Los Angeles
- ☐ Chicago
- ☐ Houston
- ☐ Phoenix
- ☐ San Antonio
- ☐ Philadelphia
- ☐ San Diego
- ☐ Dallas
- ☐ Austin
- ☐ San Jose
- ☐ Fort Worth
- ☐ Jacksonville
- ☐ Charlotte
- ☐ Columbus
- ☐ Indianapolis
- ☐ San Francisco
- ☐ Seattle
- ☐ Denver
- ☐ Washington

Summer Travel Spots 2

```
J B S I E E U N R E U N O T S O B R K
I I P E W D R M W I E W T A L S S U O
A I U O J I U O C D O N S E R F Q T E
U O U M X L B B M H S C Y L P G D U U
O K L A H O M A C I T Y N M E E Z C Q
L O U I S V I L L E T F I E Q E S S R
K A T L A N T A U C U L D S T K A O E
M S E O M M E O N H D P A A E U C N U
J A K K A N S A S C I T Y B B A R N Q
S G N I R P S O D A R O L O C W A E U
U Y X Z O H H E N B S K O V M L M L B
T X Q N V G T H U R P T N N E I E P L
G S X I I R L A S V E G A S M M N A A
L I L E O D I A S M E R N N P P T S U
S L L I H A T G F Z W A U P H V O O R
E A T T Y U E F T Y L U O C I N C Y L
R C P F W U V M E E W S D U S P B H X
N O R N P O J C P V A D N A L T R O P
```

- ☐ Boston
- ☐ El Paso
- ☐ Nashville
- ☐ Oklahoma City
- ☐ Las Vegas
- ☐ Portland
- ☐ Detroit
- ☐ Memphis
- ☐ Louisville
- ☐ Milwaukee
- ☐ Baltimore
- ☐ Albuquerque
- ☐ Tucson
- ☐ Mesa
- ☐ Fresno
- ☐ Atlanta
- ☐ Sacramento
- ☐ Kansas City
- ☐ Colorado Springs
- ☐ Raleigh

Summer Travel Spots 3

```
O E Q P U Z O B C A R O R U A S P I Q
V I R G I N I A B E A C H N S A T E A
O A K L A N D T U S J I K O A S M Y S
X D N E W O R L E A N S V S N L X F H
O L K F L A U D T T K R I R T U K Y B
C E H T S W O N L R R Y M E A T S L L
O I A Z Q I C A L E I N I D A U K O A
R F R W B C T L W C T W A N N F N N R
P S L P F H Y E E O B Q M E A G A U Q
U R I J S I E V T B M P I H B H L E R
S E N M I T K E P J J B A E E U B I I
C K G T U A T L M Q C P A I L V F T V
H A T O C R R C N M X C M O F T Z A E
R B O L A S C I B O H E N F A Y L M R
I A N X A U U U I W S O A H A M O P S
S M Z Z W J T R V U H E L A E S Q A I
T H S I L O P A E N N I M C P A K Q D
I A J F V Q I N U I O T E M P U E B E
```

- ☐ Miami
- ☐ Omaha
- ☐ Long Beach
- ☐ Virginia Beach
- ☐ Oakland
- ☐ Minneapolis
- ☐ Tampa
- ☐ Tulsa
- ☐ Arlington
- ☐ Aurora
- ☐ Wichita
- ☐ Bakersfield
- ☐ New Orleans
- ☐ Cleveland
- ☐ Henderson
- ☐ Anaheim
- ☐ Honolulu
- ☐ Riverside
- ☐ Santa Ana
- ☐ Corpus Christi

Summer Travel Spots 4

```
R U Y U N A C H A N D L E R A Y L P
A Z I A L H A Q I Y Y K U Q Y S E I
F A O A L E E F M Q S M E L H I X T
N C H I O C W A O G C H L O R U I T
O S I R V I N E N R O P I L Y O N S
T N L K D P E M Z E T I H N E L G B
K C A U E E Y I O E T W Z O C T T U
C F T U A U Y O D N S E A C R S O R
O R S H J P H D N S D U O Y R C N G
T E I I M N T N A B A T C U N D A H
S N V M A P A S L O L S I C Z E V K
D O A C H C L S R R E C N R E P V R
R E L P R C T A O O Q R N Z C X O A
L A U Y U E Z E N M E R A Z A O V W
R V H A D P V O N O E E T I I A J E
N C C R M R I F E T M N I R O Z E N
N U E G A R O H C N A E F Y I P O E
```

- ☐ Lexington
- ☐ San Juan
- ☐ Stockton
- ☐ St. Paul
- ☐ Cinnati
- ☐ Irvine
- ☐ Greensboro
- ☐ Pittsburgh
- ☐ L oln
- ☐ Durham
- ☐ Orlando
- ☐ St. Louis
- ☐ Chula Vista
- ☐ Plano
- ☐ Newark
- ☐ Anchorage
- ☐ Fort Wayne
- ☐ Chandler
- ☐ Reno
- ☐ Scottsdale

Summer Travel Spots 5

```
G E S I D A R A P U E T G F Y G A U
E N O T G N I L R A K E K B U N O N
Q M Y D R W A D R F A E R A T I T O
P S Y G E E J A N A E L B A K V T R
M G R T W L B T O S P A R N C R S F
P T A E I I O L V K A D I O O I T O
C Y T R U C N T I T S N C S B A P L
S O O N L D Y S X G E E H I B R E K
S C O O A P E T U H L M D U B T F
P S E E A M N Q S O C G O A L O E S
O I L U T F E D Z R N F N M I I R O
L R I A N B D R A T E S D U B S S L
A F X I R D E U F S E J A D Z E B R
F U A T C E S F S Z Q G E L E A U Y
F T E E U Y D U E W K H J I E P R D
U V M A T E J O O O O V I P O M G R
B D O T T A E F P D O R N U N E Y I
```

- ☐ St. Petersburg
- ☐ Laredo
- ☐ Gilbert
- ☐ Toledo
- ☐ Lubbock
- ☐ Madison
- ☐ Glendale
- ☐ Jersey City
- ☐ Buffalo
- ☐ Chesapeake
- ☐ Winston-Salem
- ☐ Fremont
- ☐ Norfolk
- ☐ Frisco
- ☐ Paradise
- ☐ Irving
- ☐ Garland
- ☐ Richmond
- ☐ Arlington
- ☐ Boise

Volleyball

```
S D G D Q S T B K I B A M E P W S B
K O O C R H I I U D A U W U Z E C U
O U W R D M L C I P W D M W J A R M
P F E T U L E B Q E G I M S I E O P
I E Q D X K I R A J S R T E F P N D
T D A X I I E K A H S R V I Y D E O
F G D P B T S C I B O R V Y E I W U
F E S C A I E T C N E E C F R R P B
O J U O D C C R G S O M T B O R R L
U T L E O Y O S P N V T R A P D A E
R F Z N F S I M E N R A J C M P U C
T Z E O S D U E E I S Y Z K U A F O
W Z M Q E J A T C O X A Y T D N B N
O N T E N O K C A B D O A W U C L T
H N T D X O Q H D P O I Q O U A G A
M S I S I D E O U T R T J A D K I C
E L L K A F A I A N A Z F U D E D T
```

- ☐ Ace
- ☐ Back-One
- ☐ Back-Two
- ☐ Bump
- ☐ Carry
- ☐ Cross
- ☐ Cut
- ☐ Dig
- ☐ Double contact
- ☐ Dump
- ☐ Five-one
- ☐ Floater
- ☐ Four-two (4-2)
- ☐ Jump serve
- ☐ Kill
- ☐ Mis-hit
- ☐ Pancake
- ☐ Side out
- ☐ Six-two (6-2)
- ☐ Spike
- ☐ Strong side
- ☐ Tip
- ☐ Weakside
- ☐ Wipe

Soccer

```
M A M A T C H Q L J F E D Q Y Y A O M
Y U C U D S Q V U M H D I S A O U U N
S Y M L P N C E N T R E C I R C L E A
X A R P E E A J F N E S L J E K A D T
I U E S N E F E A F U N P T W P G U E
F T N T A T X R R B E I F A S O N C R
U U R O L S O E S P I I Y M A I C I D
N N O Y T Q E T E R Y E R L S A H A R
A H C E Y K I I K G X E V W Y T T W E
M E J E I T U C O T N N E K H O E W D
S A D C U Z A A R R E E I R P D E R L
E D K T I B L A O Q P C O S I F E D E
N E E S L K T C A E K W E S A N R J I
I R V L E I O C R O I R F U I A E Z F
L U U E M I A O F N T F U T W Z F P D
X F P E E D O F C N O E F R O I E C I
K E F S O S Y Y E Q E O O K U I R K M
R Y E H O I P C U L O F E H F E C P E
```

- ☐ centre circle
- ☐ centre spot
- ☐ corner
- ☐ goal
- ☐ fullback
- ☐ forward
- ☐ goalkeeper
- ☐ linesman
- ☐ midfielder
- ☐ referee
- ☐ substitute
- ☐ sweeper
- ☐ corner
- ☐ extra time
- ☐ free kick
- ☐ header
- ☐ kick-off
- ☐ match
- ☐ offside
- ☐ penalty
- ☐ throw-in
- ☐ whistle

Bike Rides

```
T U T E U A D D H S N R W Q G T T
B T F A A E U A K U N M E P N C I
P O I A E R O D Y N A M I C I M R
C A H R E M M A H G G G N W T P N
M E S E S B X G T Y J O I H F D N
U R N H L A I E R B S A A E A L K
H O W H C D K K A P N G H E R K C
A B O U A C D T E A U U C L D G A
M I D D O N T A E C F E L E E J R
S C O R A E D R S K F Z Z A E P P
T F P I R E O L N I G Z R V S P Z
R S I Y A B S M E T R I C Y C L E
I V Y N I M E K I B I I G N G M E
N W Y C R E C A R K A O D R P M I
G A P E D A L D F R Y R E M A R F
S A I U Y O F E Q O V E I P U J E
```

- ☐ aerobic
- ☐ aerodynamic
- ☐ anaerobic
- ☐ downshift
- ☐ drafting
- ☐ hammer
- ☐ hamstrings
- ☐ pack
- ☐ pedal
- ☐ frame
- ☐ chain
- ☐ wheel
- ☐ handlebar
- ☐ rack
- ☐ gear
- ☐ saddle
- ☐ sprocket
- ☐ racer
- ☐ tricycle
- ☐ ebike
- ☐ battery

Camping

```
L O D H D C E T U M N E E T N A C
P X V A M I D K I N R E T N A L B
M M R Q O H R D I A G C K E W B E
A R D N N C P S L H A O S Z A X A
W T V N K I A N E E B M D G K W R
S R M S J W E V C E G P S N C O K
T A O X P D L A H R N A H I O L C
A I S W I N P D P I I S A L L L A
O L Q J R A P U E F P S M D B A S
P M U Z U S A K P N E M M N N M K
V I I E S L A E E O E Y O I U H C
B X T E E T I U V B L P C K S S U
M N O T S C C A O P S J K W A R R
F A N E U D R H R A V P S P Y A P
I E Y E I Y U U F T P E E I A M X
T S M O R E R S U Q D E A R N D L
```

- ☐ apple
- ☐ bonfire
- ☐ canteen
- ☐ compass
- ☐ bear
- ☐ hammock
- ☐ hike
- ☐ marshmallow
- ☐ mosquito
- ☐ kindling
- ☐ lantern
- ☐ rucksack
- ☐ s'more
- ☐ sleeping bag
- ☐ swamp
- ☐ stake
- ☐ sandwich
- ☐ sunblock
- ☐ tent
- ☐ trail
- ☐ trail mix

The Night Sky

```
E R U C M M D M R Q E W O M E E T
A N A N M E C N P C A F M I C E H
W W E I Y O R O P A M M U O O E O
J L M P S O A C L S E T L B J J E
U A C M T I A P U T T O M D N I S
P C O A O U L A T R S P E U S W R
I S E T U A N M O A Y S T P B P E
T X Y R N U I E O L S D E P T F V
E O Q E E L S C Y X R E O N G D I
R H T R K S M O O N A R R R F J N
A A U Y C O M E T X L E S O T T U
E J W S D S U N E V O S E R M D L
E A U R A N U S D N S F P Y A U A
Y F K N T O I P B E R J G F U M J
L A I R T S E R R E T A R T X E H
E B B D U Z A M T E N A L P O X E
```

- ☐ Ceres
- ☐ Moon
- ☐ Exoplanet
- ☐ Red Spot
- ☐ Jupiter
- ☐ Mars
- ☐ Mercury
- ☐ Neptune
- ☐ Milky Way
- ☐ Planet
- ☐ Pluto
- ☐ Uranus
- ☐ Venus
- ☐ Comet
- ☐ Meteor
- ☐ Solar System
- ☐ Universe
- ☐ Astral
- ☐ Cosmos
- ☐ Extra-terrestrial

Running

```
I U C R O S S T R A I N I N G R U P
E G N I N I A R T R E V O C M E U X
O Z F R S W E A T E W S N A E C I E
E S H O E S D S R V D I S A F N R S
N I M N O N L Z U W U E T R E E R T
W D T M L E A J I X S T R B I D T R
O I E A F O R M T T K U A I J A E E
D M O N L M V X S T O P W A T C H A
L G N I H C T E R T S P A C E N A K
O X O E U J U I O E G K I Y T I F E
O O T K K M A I K J F S C T A I M R
C Z R Q Z T N A T V P U M R A W I B
A R T I H T U T Q P U M A A B F A S
P D Z L E Y J Y N Y O P M G K I F K
E O E T R E S T D A Y S N W E P P C
L T B A R E F O O T R U N N E R S O
E H J A B T O H T I R F E D I R T S
```

- ☐ Form
- ☐ Pace
- ☐ Cadence
- ☐ Stride
- ☐ Warm-Up
- ☐ Cool-Down
- ☐ Stretching
- ☐ Cross-Training
- ☐ Rest Days
- ☐ Overtraining
- ☐ Streaker
- ☐ Barefoot Runners
- ☐ Triathlete
- ☐ Iron Man
- ☐ Shoes
- ☐ Tired
- ☐ Hot
- ☐ Socks
- ☐ Sweat
- ☐ Stopwatch

Potluck

```
G O R N O I T A L L O C F S F S M
R Y H B A C O N A A I E V P D H N
I M E A L M A N G O T F B I L R C
T D T D A Q J U E E E Y A H B I A
S E I R R E B W A R T S N C P M K
U A E C E S P R E A D F Q N N P E
Q A M G I U S P K H K C U R E Y S
T L O W I I Z S S S E H E O K W S
O D U E D W T U J O B O T C C R S
O T O Y S T E R S H A R R P I F E
R C H O W A R R P F B I P O H E L
E D A O A S R E E X S Z A P C A P
P J U X M L N T L N B O M F O S P
P R P Y P I N E A P P L E S C T A
U Q T S D E V L X O Y K J I S E C
S W R S F M E O P X X J F D R I N
```

- ☐ Banquet
- ☐ Chow
- ☐ Fete
- ☐ Spread
- ☐ Popcorn
- ☐ Shrimp
- ☐ Cake
- ☐ Oysters
- ☐ Kebabs
- ☐ Chorizo
- ☐ Chips
- ☐ Apples
- ☐ Strawberries
- ☐ Mango
- ☐ Bacon
- ☐ Pineapple
- ☐ Chicken
- ☐ Meal
- ☐ Feast
- ☐ Collation
- ☐ Supper

Hiking

```
M Z A I H S Q S C W V E Y O R P U C
C M E C I Y Q Y A W O L L O H B T F
P E D C D U U W D U N F S D L R O U
U T P J A H T M O E I M D A A P R A
L F Y C E Y E H C A C D Z I E R E L
E Z I A R P R P P X P E L B G O B K
M Y R T T O U M G F C H U A E G A A
A O A H O T S U E C E N I Y O P C C
C O E O C H O H D A Q T F N O U K C
E T G L P E P T D T E F S E M U C L
E C R E C R X J N R W E I R C Y O I
S A F E C M E E S D W P U E O O U M
Q Y P S K I T C A U O V I B M C N A
G I T T A A S W I T C H B A C K T T
I C R O P F O S M Y G A Z G I Z R E
H S U C A I R N G A B T R I D N Y Q
X F E R M O Y I M U R E I H P P R T
```

- ☐ camel up
- ☐ blaze
- ☐ switchback
- ☐ acclimate
- ☐ AT
- ☐ backcountry
- ☐ bivouac
- ☐ cache
- ☐ cairn
- ☐ cat hole
- ☐ dirtbag
- ☐ exposure
- ☐ gear
- ☐ tent
- ☐ gaiters
- ☐ GORP
- ☐ holloway
- ☐ hump
- ☐ hypothermia
- ☐ trailhead
- ☐ tread
- ☐ trek
- ☐ zigzag

Barbeque

```
V J I A A M E D I U M R A R E U U
T N M M E R R V M U W P V M R E W
M A R I N A T E S K E W E R E Y Y
K E F M O G I D Y R D Y E N N O I
C M S W D F P E P Z S P A T U L A
H E T F L I P C Y M C H I C K E N
A D U D L S Q K G U F N I F T J N
R I E S E M A L F I A V E F I R E
C U P D W W E J E D W E K S T P S
O M D U L C R K V E B E E L L O R
A W D E Y G A S U M N A T S L R M
L E H T F I R F E U R K C R I K V
W L I K P I O P T R A G H E R O R
E L S E N O D R E V O P U B G U E
N O I W A E L N A X F E P M D T T
R V U G A I C O O K O U T E T Y C
```

- ☐ Flames
- ☐ Charcoal
- ☐ Embers
- ☐ Fire
- ☐ Cookout
- ☐ Skewer
- ☐ Marinate
- ☐ Sear
- ☐ Grill
- ☐ Flip
- ☐ Spatula
- ☐ Rare
- ☐ Medium-Rare
- ☐ Medium
- ☐ Medium-Well
- ☐ Well Done
- ☐ Overdone
- ☐ Chicken
- ☐ Beef
- ☐ Pork
- ☐ Ketchup

Swimming

```
B A C K S T R O K E E R C S F C L
N R K J H F D L A P I N C T R D L
R Z F A D Q J O L N T O I F E W I
F I P O J C T B L S T R O K E F R
I O G E P R E C F P N U S X S G D
R J Y N K J E L I D H T S Z T N Y
N E N L E O G C M B R I W F Y I N
Y S T E F S R C O E O Q N L L V S
U K V A T R D T A V D R T K E I N
N N Y I W W E M S S E L E C I D H
A U N N S R L T C T E R E A R C M
E R R T V I E X T P S L Y Y E T K
C T I T N P F D M U E A G F O M M
O N Q E E F L S N F B U E G D U F
W A T E R S Y F E U A A V R O A U
O R F L O A T I N G I E E A B G B
```

- ☐ Aerobic
- ☐ Backstroke
- ☐ Breaststroke
- ☐ Butterfly
- ☐ Dolphin Kick
- ☐ Drill
- ☐ Freestyle
- ☐ Medley
- ☐ Recovery
- ☐ Set
- ☐ Streamline
- ☐ Stroke
- ☐ Underwater
- ☐ Lap
- ☐ Ocean
- ☐ Water
- ☐ Goggles
- ☐ Trunks
- ☐ Diving
- ☐ Floating

Dancing

```
C S P X S S P L J L A C F P T O E Z X
P O H P I H P I I C D P C A E O I L T
I R S T O Q K T E S L A X A L S G M G
U O A E C M L S W S E K S G L R O B S
I D M O L L A I H F W L U U A R O C B
T B B R E L W P J L L A B C B N B H U
E A A E X T E B A R N D A N C E E A B
B L I L F A K A I W K E U A I G E C B
L L B O B P A P N Y A L P Q N O E H L
P R U B E D C D C T P A M E K O R A E
I O T E L A I Y I J C S R B A O N E D
P O A B L N E F A H M E U I A T S A A
O M A E Y C T H E T M M N R D D K N
B D D G D E P D K Y P F U A E O E P C
E A A U A A A D L I N E D A N C E M E
B N G I N N S A L S A I I L D R J I R
M C I N C F L Q W G W Z H N G S L V K
Y E O E E B R E A K D A N C E C E M L
```

- ☐ adagio
- ☐ apache dance
- ☐ ball
- ☐ ballet
- ☐ ballroom dance
- ☐ barn dance
- ☐ bebop
- ☐ beguine
- ☐ belly dance
- ☐ bolero
- ☐ boogie
- ☐ break-dance
- ☐ bubble dance
- ☐ bump
- ☐ cakewalk
- ☐ salsa
- ☐ merenge
- ☐ samba
- ☐ tap dance
- ☐ line dance
- ☐ hip-hop
- ☐ cha-cha

Baseball

```
F N I C Y C D T F E K D J T F G
R T I H E G S A O I T M O K E O
A E E U A E N U P O E B E E U Q
N E P L L U B I U I P F P T B S
L B S L E F C E G V P I G A E G
A P A F T N I U E G H E T B S N
U B S T W A L K R W U T E D A I
N B R V T S G Q O V E L R I B N
C A D H E E U E O R E M S R G N
H H O T C O R N E R H B A E R I
A S S I S T E L B U O D A R C R
N N U R E M O H K Y R S U L P Z
G G T F T U O E K I R T S N L U
L T I U I M I E R E T I B F A L
E T E W O R I V P U S O F N R O
```

- ☐ strikeout
- ☐ base
- ☐ walk
- ☐ home run
- ☐ hit
- ☐ bat
- ☐ batter
- ☐ whip
- ☐ assist
- ☐ hot corner
- ☐ launch angle
- ☐ slugging
- ☐ innings
- ☐ double
- ☐ strike
- ☐ ball
- ☐ tie
- ☐ curveball
- ☐ batter
- ☐ bullpen

Basketball

```
I S M T I L A O G D L E I F A W P E D K
D F E F K N U D M A L S T U F D O Y C U
T H R E E P O I N T L I N E C F Q E F A
R E R A A E Z T O G T S S B C O A C H E
D N L Y S I F A S T B R E A K O O Z P T
V W O B T T D U I I C L Y L S U E V Z R
A A F R U X L L A B R I A T F N W F U I
M C O I E O F R E E T H R O W L I N E P
L U E E A E D R A O B K C A B T S U S L
P U I O P O S E T U O X O B H A W M S E
E L B B I R D E L B U O D E F S I P C D
N T V E W C C U R B Z P P W V S S H R O
T U X Y I U W I F O U A O I E I H Y E U
E C I E S C Q E U R I O J O U S I T E B
C I C T R A V E L N B J D H Y T A Y N L
E S U T V B T U T R U P K Y A E L Y I E
A E I T M A E E I S R H P I E T L A M O
I D Y W L L P C X O L Q S R V M N L F N
R E T Q N L K W A F L L A B P M U J A L
```

- ☐ Ball
- ☐ Coach
- ☐ Airball
- ☐ Alley-oop
- ☐ Assist
- ☐ Backboard
- ☐ Box Out
- ☐ Brick
- ☐ Double-Double
- ☐ Double Dribble
- ☐ Fast Break
- ☐ Field Goal
- ☐ Free-Throw Line
- ☐ Jump Ball
- ☐ The Paint
- ☐ Screen
- ☐ Slam Dunk
- ☐ Swish
- ☐ Three-Point Line
- ☐ Travel
- ☐ Triple-Double

Football

```
F F O D N A H E X T R A P O I N T H Z N O M
N S E S C R I M M A G E S K R O M P U Y F U
O S O E Y U F W Y B P M Q U E A X W P X L E
I A O T Z Z M L L K O E Y V I G P H E E T M
T P C X B A O I D S B V Y V R E E D W Z A A
E L R E U I T S Y A O J U S R O D N I F E G
L A F F Y Z Y A Y M E T E U A I S P O S M L
P R U P F C S N K E X K F F C I U O M A Z L
M E I C T O X N D C D D U E L N T U E L E A
O T N K E F K D O A S I A J L B U T O T L B
C A T S C O C C W F R A J B A A L T S G B T
J L E O A R I V I E S K A L B L N O G O M O
F D R O E W A C D K E T L T A O P O A Y U O
I O C P E A J M E C Q P C B R L A R N Y F F
E W E U U R K E S G L U T I A L Z P Y L N O
L N P P E D M U Q A Z O D O L O R S R P K X
D F T V D P X A Y A O I G I A F T G V O R I
G I I P M A U E D F R L N Y R E K C I K U W
O E O S U S R N M G J E O U T F F O K C I K
A L N R E S A G U A I B E M N Y E C I W Y M
L D T Z I R I P H U D D L E E M I T F L A H
```

- ☐ ball carrier
- ☐ blitz
- ☐ completion
- ☐ downfield
- ☐ extra point
- ☐ face mask
- ☐ field goal
- ☐ football game
- ☐ football player
- ☐ football team
- ☐ forward pass
- ☐ fumble
- ☐ goal line
- ☐ goalpost
- ☐ gridiron
- ☐ half-time
- ☐ handoff
- ☐ huddle
- ☐ interception
- ☐ juke
- ☐ kick off
- ☐ kicker
- ☐ kickoff
- ☐ lateral pass
- ☐ scrimmage

Chores

```
S T U H M Q Q F A T P E R U F M A E R H V U C
G B P I P B I M R I S Y Y J A F N N Q C B Q G
N S F K I I F F R O R L O P M W Y E A Y S Y N
I L F T H D O M I Q K O M L M I C D G C A J I
L A P E D P L V A C U U M X T I A S R M C I T
B E C O Z E D J U C Y E I V P N T F O B I S S
I M I E N E T L I A M K C E H C F S C M X B U
S R Y W G W O R R M A S U K Q O T B E G J E D
R O F P M S W R A P D C E Y A D I E R U N N G
E F A N W T E N N E E F A H R T P U Y Z R J O
G E R R A E L P E B L E T A A D W A S H C A R
N L E C A P S W R A U E Z L D V N E Y Y F T T
U B P N P V L A Y Y A N R B R F X U E P M Z T
O A U X D L B X O T F E F F V P N O A V N E I
Y T H O U T E L B A T N W O D E P I W L W I Y
H E U P R G O D D E E F A T X Z C V P L A C O
C H L X X K E O S T N A L P R E T A W J L A M
T T U A O D N R E C Y C L I N G E P C O W A U
A T P O C R W W W M Y E A E E W B U Q M O R P
W E C U O Q E E U C D D O C I I E Z Q Q M I N
E S B I S V M A K E B E D B I M A U E M N B T
R S E H S I D H S A W Z F L C R E K L U F R E
```

- ☐ Wash Dishes
- ☐ Laundry
- ☐ Fold towels
- ☐ Set the table for meals
- ☐ Wipe down table
- ☐ Mow lawn
- ☐ Pull weeds
- ☐ Dusting
- ☐ Sweep
- ☐ Vacuum
- ☐ Watch younger siblings
- ☐ Make bed
- ☐ Cook
- ☐ Barbecue
- ☐ Grocery
- ☐ Check Mail
- ☐ Wash car
- ☐ Water plants
- ☐ Feed dog
- ☐ Recycling

Painting

```
C T D J M P D S E E X T E F A Z E A B F W M L
A T R C A R N A T I O N O D O M P A G E I L O
S R A B A Y B L O T W O R K L S I N L U T U B
E A O L R F G N I D E E L B L U I R F K Q C O
I E B O C A X I Y B C K I B M T X D P X Y I H
N C L O H R T A R P W O L R N P E D H A E D A
D E O M I T C A W D I E Y I A B O I X C L A S
C I T C V O J A U S N N A F I N Q S U V R L J
A P S F A U D X N D E P A N A O B E C U R A A
B R I R L S Q S I V S E D B U R N I S H E R B
I A R O P Y C N U S A E B Z N E J Y U T L C L
N T B Z A T G M A C R S W S A C N U Z A S R A
E L P E P I P L V Z A R M E N I A N B O L E D
T A L P E U G F T A U S W M N T L F U F F N D
P S T C R K T Y C J F O S K G Z S R P E I D E
I K I E C A I R B R U S H O U U Z E R S I Y R
C J D A N A Y J R O W F M F N R J O Q U M V R
T N B I T L J Z U T J Z S Z F E C F E O L L A
U Q C P I V Q U P J B R U O L O C Y D O B H J
R O P C N O O P D R A O B Y M E D A C A E Q J
E L S N A A O D D O E D X A T F I O A I O H Y
S E A C A D E M Y O F F I N E A R T S M B V T
```

- ☐ Academy board
- ☐ Academy of Fine Arts
- ☐ Acrylics
- ☐ Airbrush
- ☐ Alkyds
- ☐ Alla Prima
- ☐ Altarpiece Art
- ☐ Archival Paper
- ☐ Armenian bole
- ☐ Art
- ☐ Back Glass Painting
- ☐ Beeswax
- ☐ Binder
- ☐ Bladder
- ☐ Bleeding
- ☐ Blending
- ☐ Bloom
- ☐ Blot work
- ☐ Body colour
- ☐ Bristol board
- ☐ Burnisher
- ☐ Cabinet pictures
- ☐ Lucida
- ☐ Obscura.
- ☐ Canvas
- ☐ Carnation
- ☐ Casein
- ☐ Cassone

Grocery Shopping 1

```
I F H P D Y M W A R Z D D F S D X S O E U X R A T P
N E Y F C A A T F U R O N J R G P E R U C B B T Q E
E N M P D B E M A W E E Y N T P G E B Q A L I O A Y
E R Y C X U K R U F A A F W Z G E T B D O O U I Q S
L O A M M P E A B S Q T O P S B V N O C I B G L E S
E K K Q N H E T G H S U A L G W V S K N M E M I B O
N A E Q F O N E S A P G Z F I M C C U T B A K C O O
W Z Z E D Z I L P D I R O O R D H A U C Y O W R U Y
S H I S Y D W A U V H M H D O E X Y Y I O Q A P I T
P D Y Y N C O E C S C X A P E L M J L C H D T I S Y
A A I S V D W M T S A Q M S F S L I A D N W E Q X P
B T K C A R J T Y Y O O E Q P G E T X X E E R I X Y
C E M E O O Y A C T E D H U R A E T I P T O A D A K
V L O R O Y F O A H E A T E O O C E T N I O I E E R
R S O U O P S J I L O S T S Y V R K N E M Q P R Z E
Y U O W E E C M I N A C E N Z L C E A T R J C U T J
S O V Y U P T C O Y Q K O T V A O I I G C A A E P T
V R Y Y C P H F I N A N D L A Q O U D T E S G C I M
C H Y D T E E U U C A D A T A Y O E E F U D H I O Z
E V O N E R F N P L N K F I C T Q I D X M E M Y C X
H I M S C O L U S S B M L N C H E H N O R A P E L A
I S E N H N C J A R A T U I O X P B N E L S I W A N
Y O A R K I Q K O R C M Y B M G E U A X R E N I V T
Z B M Y Y I U C Y R O X N R V T G L S R O U O U B X
A E I E I H R Z I I N F K I E O Q I T Q S B P S H U
```

- ☐ soda
- ☐ milk
- ☐ chips
- ☐ eggs
- ☐ bread
- ☐ cereal
- ☐ oatmeal
- ☐ block cheese & deli cheese
- ☐ beer
- ☐ water
- ☐ cigarettes
- ☐ chocolate bars
- ☐ cookies
- ☐ pepperoni
- ☐ jerky
- ☐ bacon
- ☐ ham
- ☐ packaged meat
- ☐ wine
- ☐ cupcakes

Painting

```
C T D J M P D S E E X T E F A Z E A B F W M L
A T R C A R N A T I O N O D O M P A G E I L O
S R A B A Y B L O T W O R K L S I N L U T U B
E A O L R F G N I D E E L B L U I R F K Q C O
I E B O C A X I Y B C K I B M T X D P X Y I H
N C L O H R T A R P W O L R N P E D H A E D A
D E O M I T C A W D I E Y I A B O I X C L A S
C I T C V O J A U S N N A F I N Q S U V R L J
A P S F A U D X N D E P A N A O B S C U R A A
B R I R L S Q S I V S E D B U R N I S H E R B
I A R O P Y C N U S A E B Z N E J Y U T L C L
N T B Z A T G M A C R S W S A C N U Z A S R A
E L P E P I P L V Z A R M E N I A N B O L E D
T A L P E U G F T A U S W M N T L F U F F N D
P S T C R K T Y C J F O S K G Z S R P E I D E
I K I E C A I R B R U S H O U U Z E R S I Y R
C J D A N A Y J R O W F M F N R J O Q U M V R
T N B I T L J Z U T J Z S Z F E C F E O L L A
U Q C P I V Q U P J B R U O L O C Y D O B H J
R O P C N O O P D R A O B Y M E D A C A E Q J
E L S N A A O D D O E D X A T F I O A I O H Y
S E A C A D E M Y O F F I N E A R T S M B V T
```

- ☐ Academy board
- ☐ Academy of Fine Arts
- ☐ Acrylics
- ☐ Airbrush
- ☐ Alkyds
- ☐ Alla Prima
- ☐ Altarpiece Art
- ☐ Archival Paper
- ☐ Armenian bole
- ☐ Art
- ☐ Back Glass Painting
- ☐ Beeswax
- ☐ Binder
- ☐ Bladder
- ☐ Bleeding
- ☐ Blending
- ☐ Bloom
- ☐ Blot work
- ☐ Body colour
- ☐ Bristol board
- ☐ Burnisher
- ☐ Cabinet pictures
- ☐ Lucida
- ☐ Obscura.
- ☐ Canvas
- ☐ Carnation
- ☐ Casein
- ☐ Cassone

37

Grocery Shopping 1

```
I F H P D Y M W A R Z D D F S D X S O E U X R A T P
N E Y F C A A T F U R O N J R G P E R U C B B T Q E
E N M P D B E M A W E E Y N T P G E B Q A L I O A Y
E R Y C X U K R U F A A F W Z G E T B D O O U I Q S
L O A M M P E A B S Q T O P S B V N O C I B G L E S
E K K Q N H E T G H S U A L G W V S K N M E M I B O
N A E Q F O N E S A P G Z F I M C C U T B A K C O O
W Z Z E D Z I L P D I R O O R D H A U C Y O W R U Y
S H I S Y D W A U V H M H D O E X Y Y I O Q A P I T
P D Y Y N C O E C S C X A P E L M J L C H D T I S Y
A A I S V D W M T S A Q M S F S L I A D N W E Q X P
B T K C A R J T Y Y O O E Q P G E T X X E E R I X Y
C E M E O O Y A C T E D H U R A E T I P T O A D A K
V L O R O Y F O A H E A T E O O C E T N I O I E E R
R S O U O P S J I L O S T S Y V R K N E M Q P R Z E
Y U O W E E C M I N A C E N Z L C E A T R J C U T J
S O V Y U P T C O Y Q K O T V A O I I G C A A E P T
V R Y Y C P H F I N A N D L A Q O U D T E S G C I M
C H Y D T E E U U C A D A T A Y O E E F U D H I O Z
E V O N E R F N P L N K F I C T Q I D X M E M Y C X
H I M S C O L U S S B M L N C H E H N O R A P E L A
I S E N H N C J A R A T U I O X P B N E L S I W A N
Y O A R K I Q K O R C M Y B M G E U A X R E N I V T
Z B M Y Y I U C Y R O X N R V T G L S R O U O U B X
A E I E I H R Z I I N F K I E O Q I T Q S B P S H U
```

- ☐ soda
- ☐ milk
- ☐ chips
- ☐ eggs
- ☐ bread
- ☐ cereal
- ☐ oatmeal
- ☐ block cheese & deli cheese
- ☐ beer
- ☐ water
- ☐ cigarettes
- ☐ chocolate bars
- ☐ cookies
- ☐ pepperoni
- ☐ jerky
- ☐ bacon
- ☐ ham
- ☐ packaged meat
- ☐ wine
- ☐ cupcakes

Grocery Shopping 2

```
Q G F D O O F A E S P N A M I S I X U H
I S O I B R C N V O I U S O E X U O D I
U L P R S B B O C Y Z E R O O E I B R B
T L E B P H I S A Y Z S T R C L C R P A
E O C D A L S E T T A A M I S M C L A X
O R H Z T E C M S P T T R U E I J E F U
G I O A R G U U A O B W C T H L P E Q Z
E L T E P S I G P P A A G O C K G F Z E
U E D P S A T E W F N F W M I S F F T E
H D O A R U S L O V A F N A W H E O F I
P N G N E S A R T X N L E T D A E C T N
I U S C B A O E T Y A E K O N K O E P C
N S P A M G T S O O S S C E A E O X I F
O E D K U E I M S G Q Y I S S S E T Q F
R I H E C S O N N H M G H E F K E E M I
A D B S U K O E S U F J C S E L P P A I
C N U E C M S F F R R Q Y A C F C A S R
A A O T E Q C T S T A E V U J T O S D V
M C E L S K L R E S N F E S N I F F U M
```

- ☐ muffins
- ☐ bananas
- ☐ apples
- ☐ lemons
- ☐ potatoes
- ☐ tomatoes
- ☐ cucumbers
- ☐ chicken
- ☐ candies

- ☐ coffee
- ☐ yoghurts
- ☐ milkshakes
- ☐ hot dogs
- ☐ sandwiches
- ☐ pizza
- ☐ sausages
- ☐ macaroni
- ☐ pasta

- ☐ deli rolls
- ☐ waffles
- ☐ pancakes
- ☐ biscuits
- ☐ fish
- ☐ seafood
- ☐ legumes
- ☐ rice

Gardening

```
H C C O F P O L L I N A T I O N V X B U
D E W E F A E T T S O P M O C N Y S A N
B A C C O E T O A B I E N N I A L B R F
H X Y F E J O K D E T E R M I N A T E R
R T H N S S A R G H C N U B M V X C R A
A R I A E U X J T H F O W C I E P O O M
V C Y B G U R I X R R A F O U P T D O E
I U W V R I T D A U A C C P I I F R T E
T T S O B U A R S V R V D I F W O N T I
L T T U E M C S A Q F R I P S C I R R S
U I E C P Q A U P L O O F T L S N A U R
C N B I C R Y R C E R S A A L A A O Q M
L G N O G I O O Q Y K Z Y A U U U R A E
D G E B L T D E P P A L R U B D C N B A
U O A E A T H C S A Y E K J I J N U E G
U R I T S O R F X Y Y A Y C K U P R R D
C T I M N O R T I U G C E Y A J A E Y C
P O T O I Y P Y N D O D G L M T A U U F
N O A U X O B R E G D O R Y E R N Y C H
```

- ☐ Aerate
- ☐ Annual
- ☐ Frost
- ☐ Bur lapped
- ☐ Bareroot
- ☐ Biennial
- ☐ Bolt
- ☐ Brassica
- ☐ Bunchgrass
- ☐ Clay
- ☐ Frame
- ☐ Compost Tea
- ☐ Crabgrass
- ☐ Crop Rotation
- ☐ Pollination
- ☐ Cucurbit
- ☐ Cultivar
- ☐ Cultivar
- ☐ Cutting
- ☐ Damping
- ☐ Day-Neutral
- ☐ Deciduous
- ☐ Determinate
- ☐ Fork

Bonfire and Fireworks

```
I R M C F Y W A O B A C T O N N T
I G C I E O S R E K C A R C O O S
L Q R O L E P S Y G O Y G V I Z E
A E A M N O R F M A T C H E S W R
S M J U O E Q T L A U R M F O B O
N E R D L I H C E A E R D E L A F
J U V T N J P A F L M C R F P L D
C A F P I A O P K H I M B S X E O
A T K M G O I R O G S A A Q E F O
M X A R H I A E A R C E N B M I W
P E I Q T P S R E K O K E T L R E
F H I Y S S E A Y F G C W O L E R
I R U N E T Y A N M F P K A N D I
R M Y X T E R Y U D A I A E Y S F
E T B E I D V E B R R L G P T P O
I Q Z E E R E E K O I U I Y I U X
```

- ☐ fire
- ☐ balefire
- ☐ campfire
- ☐ effigy
- ☐ rocket
- ☐ sparkler
- ☐ crackers
- ☐ cone
- ☐ matches
- ☐ children
- ☐ night
- ☐ park
- ☐ explosion
- ☐ flammable
- ☐ cigarette
- ☐ sand
- ☐ firewood
- ☐ tree
- ☐ backyard
- ☐ forest

Picnic

```
F I G A R D E N P A L L E R B M U
Y F U D A U X R R A Q Y D O O F W
S P U C O M E D K E R B A N B U H
R E P M A H B U R P E K A L U I Y
B T A O S T P O L I T B A L G J C
A M T D R P F A O S N N S O L C A
S X Y R E L T U C K K K S I R N R
K A L U E E X O E E S A S E R W D
E H O W S P F S T C N Y N E E F G
T R W O J F K O F D R N D O R P A
S A L M E Y C A W R E R T O E P M
Y E U E E T X I E S L A R U G Q E
O U M C O P C J I E O F F D F A S
L C C D E H K O O E O H O I E F A
O M R G D N W A M T C P K T C T A
B E N C H E S T H E R M O S A B L
```

- ☐ ball
- ☐ cooler
- ☐ esky
- ☐ cups
- ☐ cutlery
- ☐ drinks
- ☐ food
- ☐ frisbee
- ☐ park
- ☐ basket
- ☐ hamper
- ☐ plates
- ☐ rug
- ☐ blanket
- ☐ thermos
- ☐ umbrella
- ☐ sandwich
- ☐ card games
- ☐ books
- ☐ garden
- ☐ tea
- ☐ benches
- ☐ coffee

Film Festivals 1

```
H C I A U D M U S E Q I S Y P T R A E O U T E O E
U R F G G M E T Y Y B S C R A O I C U A A O E Q T
C A E Y A E P X U O W I T A C T W O I G O T X C E
C R E S T E D B U T T E I V M P Y B A I S F F I P
C O L O R A D O E N V I R O N M E N T A L T L D G
D R J Y S X E Y R A T N E M U C O D Y K S G I B F
D T T U I I D O R Z B U F F A L O N I A G A R A A
B U F F A L O I N T E R N A T I O N A L E A F U T
O C D G L I C A M D E N I N T E R N A T I O N A L
L E M E D A V R C I N E M A A T T H E E D G E P B
O A N E Z U A E O B R A I N W A S H M O V I E N R
K L A B P I P E P M B O S T O N S C I F I H Y W E
O D D E C E P Y D I U N R L S E Z W I Q D Y U R C
U V G G T U S I T U E H U P E A J C S C I T V W K
C A L I F O R N I A I N D E P E N D E N T D J P F
M Y B E N Y L K O O R B C A T J R G I I L E I Z I
E A R V N A V P X K H B N J O M G F U E T S X Y L
S O E X U U B R O N X I N T E R N A T I O N A L M
E X A I N T E R N A T I O N A L B U D D H I S T F
C N K D N U O R G R E D N U N O T S O B U F Z V E
O W O E C I R D B V X F C S M O M E B U F A C F S
S O U D S F H H Z I P U D G E U H C S V E S J A T
J Y T B U R I E D A L I V E P Z E P X Y X J V I N
F E U P Y E O M A I P G N I L D D A P L E E R I R
```

- ☐ Boston Sci-Fi
- ☐ Boston Underground
- ☐ Brainwash Movie
- ☐ Breakout
- ☐ Breck Film Fest
- ☐ Broad Humor
- ☐ Bronx International
- ☐ Brooklyn
- ☐ Big Sky Documentary
- ☐ International Buddhist
- ☐ Buffalo International
- ☐ Buffalo Niagara
- ☐ Buried Alive
- ☐ 1Reel
- ☐ Reel Paddling
- ☐ California Independent
- ☐ Camden International
- ☐ Cinema at the Edge
- ☐ Crested Butte
- ☐ Colorado Environmental

Film Festivals 2

```
P U Q Y I I A J E F E N T N V M F Q Y A D A F F X A E G S T T L U O
A X V F A D U M J Q Y R T K O U B U T T T E Y I Q O S Y S R S O S A
S T H E D I Y G B M O T D T Z R R E D J N S U R O L A C U C E Y Y N
I P W M L J M V U H R E E A I R Q X I T P P U A S I Y P K U C O Q E
A F Y N U S T R S A L R I E E T S E A O N X T T T B A S B P I E S W
N Y R E B C B M L A N O I T A N R E T N I N O T S E L R A H C K P F
A Q C P C M A E M S U M M J Z U A U Y O B Y Y O U R M U L Y S U U I
M D Z O D D X D Q D N U O R G R E D N U O G A C I H C D U W E U C L
E O Y I O L M A P Y P H O C Z H V A T W M I E A Y W A C U M E U A M
R C C M H A X R V M I O I I P M C M E Z D R M U U R P T B Y U N S M
I N I T N C N A I S B G T R M I S X C W H V O Q S I N I V N O F N A
C Y I U P V P P I F Y F A L R K D E F Q J U F G V E E I H I C P O K
A C E D R M T S E O N G E E F O F P E R U P U O D R D U T N Q H L E
N M A U K E A H C P B O M I Z E E E C U E E M N N S D A C P V P A R
S O C O I J R T U O O A A D O Q N E E U E T E I F S N D A O U T X S
H L A N O I T A N R E T N I H A T U C O D P N C U R C Q U O N F C L
O U O I M Y E E O S R F H E X N T U E E E Y B E E W E X S Z D T Z O
W I I F O A M D E T V Y I D Y M E M I D T I F T C N I Y I T L O D S
C Z O U F K A N D A G I D E R A X A N R N P N E S D G U R Q G A I A
A E O S I C I N E S O L P Q T P U I E Y E I U W O I A C E F F C G N
S I P L K H T C O H Z Q Y T Q A C T E M O O M O P V T E I U R I I G
E J S F C I E P Q V T W E D B D K K K G D A U T R F E S D B I T T E
N J E E I I A I J I V V R N F P Y F A V R D Z D F P Y C P L S L A L
J A O O W S E M E O A C E P P F J C P S U E E I A H E Y U Y M C L E
A R Y D E S T R O H S C D Z Y R I U T C V T H R Y U J I C A R T H S
E B M M E P F Y N I T Z M P E H X R N W E R O D A A N S E P I Y O J
H E F A T H J P I Z C L Y Y C O L U M B I A U N I V E R S I T Y L X
U E V A V Y R N F D P N E E O Y O E V O C Y E F U Y A S V V N L L G
A C P D R D S J S Z E E U F I D D W I J B C Q G R E E J D O X G Y M
S E L E G N A S O L L A V I T S E F M L I F N W O T N W O D D W R
P O P P U I M I N R M W E O E L B A S O P S I D E H T E O A N J O I
Y C L W U Y R R N M T Y B A L K L V R A D M U O M I C E O M C A O C
A B U U C F P J I I V N Q Q C E S E A X C T D E V I L I I O X R D M
```

- Asian American Showcase
- Charleston International
- Chicago International
- CineSol
- Cucalorus
- Chicago Underground
- Chinese American
- Columbia University
- Dam Short
- DC Independent
- DC Shorts
- dead CENTER
- Death's Parade
- Downtown Film Festival Los Angeles
- New Filmmakers Los Angeles
- Digital Hollywood
- The Disposable
- The DIY
- Doc NYC
- DOCUTAH International

Theme Parks

```
P W B M A G I C K I N G D O M D E S E S A
P L K A O D Y H U T Y A S H C T A C A I U
L S I X F L A G S K H D O L Q U D E E C S
O E R N Z A F U Y I U E I S I Y I D S D N
N A G D K R S I D N W C D L I E Y A I R U
P T W O M O H M I G B S U E S S C R L I N
K U O O L D Y C S S W V T B E I Y P V D I
S R J E I A S R N I T R S E S V D O E E V
P D A P N P N T E S O I D O A E Q I R G E
L J N P B T G D Y L C I O N M S B N D A R
B F Y I Y Y E T L A P D O K E E F T O L S
A A R O W E U Y A N E O W N P A U C L L A
S E Y D C O H P N D A O Y O L W N Z L I L
F K F B F N R S D I E W L F A O L A A V S
K E U U E D N A R R U Y L F C R A Y R S T
A O X S O A R A C E I L O E E L N T C A U
S L B T A O C C W I H L H O O D D F I T D
Q E B E Y S F H O U A O B F R B O E T N I
T M T A E Q I B F A R D W T P O P T Y A O
Z Q S N E D R A G H C S U B A D B M I S S
```

- ☐ Disneyland
- ☐ Universal Studios
- ☐ Epcot
- ☐ Six Flags
- ☐ Magic Kingdom
- ☐ Hollywood Studios
- ☐ Knoebels
- ☐ Hershey Park
- ☐ Dollywood
- ☐ Carowinds
- ☐ Cedar Point
- ☐ Kings Island
- ☐ Busch Gardens
- ☐ Legoland
- ☐ Silver Dollar City
- ☐ Bay Beach
- ☐ Santa's Village
- ☐ Funland
- ☐ Seaworld
- ☐ Sesame Place

Animals 1

```
S R E D I P S Z E A V A L E E R T
S Q U I R R E L S G N R D H S V I
L O S N U R N W Y Y I T S O O Y L
S A E S P S A W O S C E S R O B A
K G Z B P A F T E R H Y D N G E Y
Q W U E W O R C S C R U N E M E M
C C A B Z C Y F A C A A D T T S I
E A S H D C F O I L Z T P S R M E
A T N W X E R P L Y E E I S M E L
R E R Y A K B I T R L A C G Z S I
W R E W C N G O M G M R V T Y B D
I U T O L A S I A Y R E T N M M O
G Z C H T L T E O P U I K Z P H C
S M O O D E N D S N O O C C A R O
C O R A S Y U N T W U F U E N C R
M S A F C Z E J F B A I R G O D C
```

- ☐ Bed bugs
- ☐ Ants
- ☐ Earwigs
- ☐ Cockroaches
- ☐ Rats
- ☐ Raccoons
- ☐ Squirrels
- ☐ Spiders
- ☐ Hornets
- ☐ Bees
- ☐ Wasps
- ☐ Termites
- ☐ Alligators
- ☐ Crocodile
- ☐ Swans
- ☐ Goose
- ☐ Dog
- ☐ Cat
- ☐ Sparrow
- ☐ Eagle
- ☐ Hawk
- ☐ Crow

Animals 2

```
O Q E N O O C C A R B M Z Z O S
S J C O U G A R S T N K E U I T
V I A S Y O A O A K N Z U B M P
U O E R P T M K O N R D I L S D
U T W N S S S H S E E A E U K R
V T H D I G A C P R K I H R U A
B O E R Q R T W O E M A H S N D
U V C O S A E M U R L B N I K N
T E U T C L J V W A P I I S I O
T D E B O V E P L X M I C S E C
E M O O S E T U W O I U O A O A
R B H K W T O D Y O W Q C N N N
F G T F L A Y L U A L Q Z T S A
L B E A R E O N U M F F Z F N I
Y O T T E R C Y P M X I M Q I E
```

- ☐ Cougar
- ☐ Bear
- ☐ Bison
- ☐ Moose
- ☐ Elk
- ☐ Wolverine
- ☐ Coyote

- ☐ Bobcat
- ☐ Raccoon
- ☐ Skunk
- ☐ Wolf
- ☐ Snake
- ☐ Scorpions
- ☐ Wasps

- ☐ Sharks
- ☐ Rats
- ☐ Otter
- ☐ Pelican
- ☐ Crane
- ☐ Butterfly
- ☐ Anaconda

Memorial Day

```
E F H V A H T U I I R G N I T N U B Z
U S J D E C O R A T I O N F L A G E L
T C E P S E R Q E P A T R I O T I S M
C O L D G L O R Y C W O U H S O R W F
N O I T A R O I B N N R T M A E U P E
N O I T I D A R T V S O E S D M V R S
T M A R T I A L G C E E C A E I O O C
N Y A C S O R A O E A E R Q T Q L C O
E M S O D I J E A M N A M V L H U M M
P I C N I C W I R E P P S R I U N T M
A X T D P B M C V T A M Y H E C T I E
C E U C E B R A B E O B S E R V E N M
U U H O L I D A Y R D E T M R Q E U O
D O U E U P C O T Y T E E I P B R Q R
N E D W M E M O R I A L L D U Z C I A
M Y G L T X E M Y O T O A C A J E S T
D S A C R I F I C E U E A E F R E H E
L C K K J S F F D R R H E O Y J F O E
```

- ☐ martial
- ☐ respect
- ☐ observe
- ☐ picnic
- ☐ barbecue
- ☐ memorial
- ☐ service
- ☐ holiday
- ☐ patriotism
- ☐ parade
- ☐ Old Glory
- ☐ flag
- ☐ wreath
- ☐ sacrifice
- ☐ decoration
- ☐ commemorate
- ☐ cemetery
- ☐ volunteer
- ☐ bunting
- ☐ concert
- ☐ oration
- ☐ tradition

Independence Day

```
E A N A T I O N A L H O L I D A Y H I V V N D
G Q G R I T Y S S U O G D C K B E D D E X E
U J D E L G N A P S E R W Q I K G N I T N U B
S A C T G A Y A E S F X O M D O C O N C O R D
I E U O T U I E E D A R A P U Y Z R M T I T L
W R I E N W N B D R I N F R R L R Q M M Y Y G
K E W N Y G A O E E E U N V C U E S L E E R N
O V P M O R R S T Z N W F O I J X T S C K E F
P O E W A L H E W G T V N C T F E A O O T V O
C L U G P V O E S Z N F A P P O U R L N T O U
O U A V M O Y C V S E I N I N H C S D S O L N
M T N J G A L A N D P N X S N T E A G T C U D
M I H H N W M H E E W E T E C R B N L I S T I
E O F W I D P R N O E B O H L U R D O T S I N
M N N I S P A T R I O T I C P O A S R U I O G
O A D H R T M E H T N A R I A F B T Y T C N F
R I B W I E N M A H O C C I F A Z R T I N A A
A Y S O A D W D F K I N E A H N I I P O A R T
T Z N V Q V T O O E I E S J D T T P E N R Y H
I Q P B S S U L R C R E K C A R C E R I F W E
O K N U S R E P A K N C M I N I C S E F E A R
N A I D H J Z O I C T W E E O A X Z I U T R S
```

- ☐ Fourth of July
- ☐ Congress
- ☐ Lexington
- ☐ Concord
- ☐ Thirteen Colonies
- ☐ Revolutionary War
- ☐ revolution
- ☐ Confederation
- ☐ Constitution
- ☐ patriotic
- ☐ commemoration
- ☐ Founding Fathers
- ☐ gala
- ☐ national holiday
- ☐ parade
- ☐ firecracker
- ☐ bunting
- ☐ picnic
- ☐ Stars and Stripes
- ☐ barbecue
- ☐ firework
- ☐ Old Glory
- ☐ anthem
- ☐ spangled
- ☐ Francis Scott Key

Sealife

```
A H S I F R E L G N A I Y A T U R E
C A W G R P E G U U O E E D Y X A B
H B A R R A C U D A A N F U A A T A
H S T N E R R U C G L N R W A W S R
N S I A E X D C L R B I V A L V E N
H O I F A D W A S C H O N B E R L A
C X T F E Y P O M D S U U R P A T C
O H Q I N L M D A J I I X Y Y M T L
E S C F H W T C L U F T N B O B I E
L P O N R C O T C Q W J R A E E R O
A B A L O N E L U F O B D S C R B M
C I F N A C O Q C C L Y O S O J U S
A Z E R T J I U Y U B D P V R A M S
N W I S O C E P C R A B E E A C Z I
T O E A A E V E B E M I P T L K P N
H N R E I I D O C N E A O S S Y E A
L H Q E K N E G D I W E C O E G Z R
```

- ☐ abalone
- ☐ algae
- ☐ amberjack
- ☐ anglerfish
- ☐ barnacle
- ☐ barracuda
- ☐ bass
- ☐ bivalve
- ☐ blowfish
- ☐ brittle star
- ☐ chiton
- ☐ clam
- ☐ clown fish
- ☐ cod
- ☐ coelacanth
- ☐ conch
- ☐ copepod
- ☐ coral
- ☐ crab
- ☐ currents
- ☐ cuttlefish

Sealife 2

```
H A R B O R S E A L G K O E F J L L
R F G W O E B B T I D E A Q V H F N
G J G I N L N N I L X M E V O V N I
I A X A R E I R E A G A Y O R U I F
A M Y H G E H D H E J A F N J I R D
N R U C N W P N M S X S R W Y E B I
T F U F I E L N C T S Z U E P N S A
S I Z T R S O U W N S F X U E F I T
Q S I H R E D G F A W P O L I L M O
U H H S E P U U S H W R R N X Y E M
I A A I H L T I B P G H X U P I P S
D K R F L K M Y I E B A A E I N A S
I S P G G R W X E L E N E L V G A X
Z H S O O R D L A E S R U F E F T R
D A E D H E R M I T C R A B T I I I
U R A R E D N U O L F C S Y O S C M
E K L C I N C D U G O N G E Y H E F
```

- ☐ diatoms
- ☐ dogfish
- ☐ dolphin
- ☐ dugong
- ☐ ebb tide
- ☐ eel
- ☐ elephant seal
- ☐ fin
- ☐ fish
- ☐ flounder
- ☐ shark
- ☐ fur seal
- ☐ gar
- ☐ giant squid
- ☐ grouper
- ☐ gull
- ☐ harbor seal
- ☐ harp seal
- ☐ hermit crab
- ☐ herring
- ☐ flying fish
- ☐ whale

American States 1

```
A R K A N S A S O R H Z K
Q N O T G N I H S A W I N
W E S T V I R G I N I A O
N B G E I Z A M V E T D I
I U N C A L I F O R N I A
S I I A M E E X E D E U I
N M M I L A N O Z I R A N
O E O A L A B A M A S R I
C N Y Y G Q S B Y J X N G
S P W A E F E K X K B I R
I A K T I E L F A E N J I
W U B U D M F B G G O M V
```

- ☐ Alabama
- ☐ Alaska
- ☐ Arizona
- ☐ Arkansas
- ☐ California
- ☐ Virginia
- ☐ Washington
- ☐ West Virginia
- ☐ Wisconsin
- ☐ Wyoming

American States 2

```
T R K C X E P M A R Y L A N D V P I
T W Q U G D K W E S M A Y E X I U I
A S A R Y O O Q N G K U Q N X S E A
H S I E P I B C K E N T U C K Y N W
G E O R G I A U D O M A P A R W S A
R Q W A N A I D N I L L I N O I S H
R R E W M A S S A C H U S E T T S F
M Q N A M I N N E S O T A I N G H L
I U I L Y E A H K M O N T A N A R E
C T A E C P N D U P U O D S M E B
H C M D A G Z K A N S A S P R I N R
I Q O W M R I E I I I O R P U S Y A
G T Q I D A H O O Q S O C N E S E D
A U N Z E M Z O J A F I P Z G O P R
N C T W A K S A R B E N U L U U E H
X F L O R I D A V C A D P O N R X N
I P P I S S I S S I M S N Y L I M V
```

- ☐ Delaware
- ☐ Florida
- ☐ Georgia
- ☐ Hawaii
- ☐ Idaho
- ☐ Illinois
- ☐ Indiana
- ☐ Iowa
- ☐ Kansas
- ☐ Kentucky
- ☐ Louisiana
- ☐ Maine
- ☐ Maryland
- ☐ Massachusetts
- ☐ Michigan
- ☐ Minnesota
- ☐ Mississippi
- ☐ Missouri
- ☐ Montana
- ☐ Nebraska

American States 3

```
X H M K P Z Y P E M P D O V E E H U P A
N E W Y O R K T E X A S Z T T Y E R O T
N E V A D A V P H T O Y U N E A E O N O
Y E W T T O P T T I N C I S U C A K I K
E Y U N I I V E R J I O R M O T F I F A
W A M O H A L K O T C E O L O Y P I S D
S N C M T C O F C I J H O K E I E J Y H
O O G R R E X E X W A R A R O S N T D T
U R R E F O N E E T A D I G E E N S M R
T T O V C N M N U D H H I E N T S M Q O
H H H F O W I S O T S E S M I F Y T E N
C C I C E N S I U P I S A Z Y L L E Z E
A A O N A J D O M A E P Y O Y C V T S E
R R B I J F S A N N N S O I I Q A S T W
O O U R V O H O N O U O P E X F N D E T
L L U T E W G E I U I U M S M A I B S S
I I B X E E T S B R R H M B U C A O J B
N N I N R H O D E I S L A N D O I D I S
A A C O N M L H G Z D W Y E X T U M X U
```

- ☐ Colorado
- ☐ Connecticut
- ☐ Nevada
- ☐ New Hampshire
- ☐ New Jersey
- ☐ New Mexico
- ☐ New York
- ☐ North Carolina
- ☐ North Dakota
- ☐ Ohio
- ☐ Oklahoma
- ☐ Oregon
- ☐ Pennsylvania
- ☐ Rhode Island
- ☐ South Carolina
- ☐ South Dakota
- ☐ Tennessee
- ☐ Texas
- ☐ Utah
- ☐ Vermont

Presidents 1

```
W R E E M R Y O U D Y Z M A R A Y
R J B A D A M S E U X M D E I S D
O O T L P U A M R D N M S O U N Y
L H N R N U S O A D M T R Z P M
Y N A V O N Z M M N L G J V N O H
A S R A R Y X A L O E F Z L N K S
T O G N O E X D L S I T O R L N E
U N I B I F L A I I F L O O R O Y
O S R U S O S Y F R R E P U X T A
P I E R C E I U T R A O H M L G H
A M D E A K R Q W A G T M A T N G
E E I N R O U O O H R O N D E I B
J E F F E R S O N A E G I I E H A
N A N A H C U B M I V Y C S E S K
C I M I X C Y D U L S I I O T A E
M O J J A C K S O N W M M N P W D
```

- ☐ Washington
- ☐ Adams
- ☐ Jefferson
- ☐ Madison
- ☐ Monroe
- ☐ Qu y Adams
- ☐ Jackson
- ☐ Van Buren
- ☐ Harrison
- ☐ Tyler
- ☐ Polk
- ☐ Taylor
- ☐ Fillmore
- ☐ Pierce
- ☐ Buchanan
- ☐ L oln
- ☐ Johnson
- ☐ Grant
- ☐ Hayes
- ☐ Garfield
- ☐ Arthur

Presidents 2

```
E C O C N U O D R O F T A F T W U
D U A W W Y M N H S U B V E W A K
U D J I R F C A L S R T N O X I N
O E N L F Z K L N Q A L I P G Y O
N E O S S T I E C D D E C U I R R
U Y S O A R N V A K I V E X B H E
E D I N M U L E R M V E G W N A W
O E R F A M E L T X Y S D U A R O
X N R V B A Y C E J I O I C G D H
Y N A N O N E T R J M O L L A I N
T E H N Y K M E D N M R O I E N E
R K X C L E V E L A N D O N R G S
U Q H O O V E R M T S C C T E H I
M C A A E G N E N O S N H O J C E
P Y J E U R A R J C S I X N T N O
N N U E E R B E Q U T D U X Y D A
```

- ☐ Cleveland
- ☐ Harrison
- ☐ Cleveland
- ☐ McKinley
- ☐ Taft
- ☐ Wilson
- ☐ Harding
- ☐ Coolidge
- ☐ Hoover
- ☐ Roosevelt
- ☐ Truman
- ☐ Eisenhower
- ☐ Kennedy
- ☐ Johnson
- ☐ Nixon
- ☐ Ford
- ☐ Carter
- ☐ Reagan
- ☐ Clinton
- ☐ Bush
- ☐ Obama
- ☐ Trump

Horseback Riding

```
R O Q D U H U E B S E L D D A S H P
G H A H S D P R I O H U N I Y Q A B
I A B L Q R I A Y A O P P Y B B L E
R L Y U O D U A E Y R E R M I R F S
T T C E L A M P J U S E P B E E C E
H E C E U P E B H T E K E O B E H Y
D R T A M B E A E D B Y O O I C A M
T E K N A L B E S R O H H T T H P A
W C C A L I M T U K O J S S O E S R
E I M B R N E U E R T L M E M S U T
T H O E E K V J X B S T E M L E H I
R O I C I E C C P D L T C T I V B N
T S M T N R B R E A S T P L A T E G
E G D A C S E Y E A K V C V E O O A
M U E Y U S U J T I R R C K E P O L
P A D D O C K B O O T S P Q S A R E
U X X U E V Z F I U P U R R I T S D
```

- ☐ Bell Boot
- ☐ Bit
- ☐ Blinkers
- ☐ Breastplate
- ☐ Bridle
- ☐ Girth
- ☐ Halter
- ☐ Horse Blanket
- ☐ Horse Boots
- ☐ Martingale
- ☐ Rein
- ☐ Saddle
- ☐ Shoe
- ☐ Stirrup
- ☐ Boots
- ☐ Breeches
- ☐ Half Chaps
- ☐ Helmet
- ☐ Jodhpurs
- ☐ Paddock Boots

Amazing Foods 1

```
X D U E W N R A U I R A O C M Q K O
I A H T D A P B A H Z I P A I U I H
A B A S O D P I P S V J R E T U O S
E U J P D A B D F U P I N T X O S A
E T A E A B M T E S G N O U I A D L
N T T K S A D P L A K H P R N Z Y U
I E A I P B I T S K F H O G Q D I O
T R R N A E L O T E W J A L E L H H
U C T G R K U M R O C S N Z F A C G
O H S D A O D Y U U A G P R E X M P
P I U U G N P A D L W H N E N E I D
O C E C U U I M E P N Z A Y E I K N
B K S K S U A G L O G C M I S M R E
F E H U Q D R O I T I L O N N A C M
N N Y T N U G O N P O S O T E O K A
B P A E L L A N I H S G N A D N E R
E K C E I I Z G P M T K J Q G P E V
```

- ☐ Sushi
- ☐ Rendang
- ☐ Ramen
- ☐ Tom Yam Goong
- ☐ Kebab
- ☐ Pho
- ☐ Peking Duck

- ☐ Paella
- ☐ Apfelstrudel
- ☐ Pad Thai
- ☐ Ghoulash
- ☐ Lasagna
- ☐ Kimchi
- ☐ Dosa

- ☐ Poutine
- ☐ Butter Chicken
- ☐ Pintxos
- ☐ Cannoli
- ☐ Asparagus
- ☐ Tarts

Amazing Foods 2

```
D M V E L R P E N N X I F A T O I O U I
S S E R N P M Y Q V E Q F I A S E R G I
N W R R O T O R Q D E M C A B F R H I V
U H N R O T Y R A T S R U W Y R R U C E
B I M A C R O N S S T E A K N N M I U Y
K T G E M O A D T I E A C I G O R E I P
R E S K I A V A M F A P K K F D I U R C
O R C P R B K Y M O N P A S T R A M I H
P A O L A G R I L L E D O C T O P U S I
R B K A O N A K U H S K A H S R M C E L
A B O Z W O L D O T I R R U B A E F I L
C I N A E L L A A S Y A P D E I A U S I
L T O A U O I Z Q E L T I V D V T I T C
E H M T R A D B T E L B R A E A F G S R
T F I H G I A N A T A C O S G C R W O A
T V Y E I X S J K D E B A Q S A U I P B
E U A N P O E I O A K P U R I W I L A T
I I K E C Y U G T B O L J M A Y T O C C
P L I E U M Q S O I P E U I A A Q H O E
```

- ☐ Poke
- ☐ Burrito
- ☐ Quesadilla
- ☐ Pastrami
- ☐ Meat fruit
- ☐ Okonomiyaki
- ☐ White Rabbit
- ☐ Grilled Octopus
- ☐ Xiao long bao
- ☐ Chilli crab
- ☐ Raclette
- ☐ Plaza Athenee
- ☐ Tali Wiru
- ☐ Tacos
- ☐ Shakshuka
- ☐ Currywurst
- ☐ Pork buns
- ☐ Pierogi
- ☐ Caviar
- ☐ Macrons Steak

Amazing Foods 3

```
H M U K A R N B L L S R V A U C G R
M C M W M M P E K Z G U U N N T D J
P M A Y D E F P N I N N U F N E E P
E L A X Z A A U A T I E D C X A C G
E K F I L O O E F Z L N U U F S P B
R N O A B F U N E N P E P I E A A B
A M F H M E S N H A M R G T R N V I
T A U O C E R O U L U M I I L D L R
R A J Y O I A I U R D R B B A W O I
A T U D G D T T C V F S A M M I V Y
T N O E E A D R P O L B M K I C A A
P C G R F Q W A A I E A E I N H E N
S C E V I C H E L K E M K P G M N I
D O R B E R R O M S A O E I T X F M
T W U U D A R E P A S D T H O S R N
I Z A D N A M C R C D O P S N M E G
V L A R O C E T I H W S P C Y Y D O
```

- ☐ White Coral
- ☐ Knafeh
- ☐ Iberico
- ☐ Biriyani
- ☐ Laddoo
- ☐ Tea Sandwich
- ☐ Arepas
- ☐ Meat Pie
- ☐ Tartare
- ☐ Falafel
- ☐ Dumplings
- ☐ Frites
- ☐ Lamington
- ☐ Ceviche
- ☐ Ribs
- ☐ Mandazi
- ☐ Smorrebrod
- ☐ Kebab
- ☐ Wagyu
- ☐ Souvlaki
- ☐ Artichoke
- ☐ Pavlova

Birds 1

```
X S Q Z Z S S J O L I P S I R Y
T E I O W L F I Y I H E T Y T T
R R A C C I Q U O A U N F I U E
W U H G B F Y H O U M G I N R L
L T E T L A E C T Q M U W O K U
O L R F T E N I A A I I S E E I
O U O I A E A R K P N N W G Y L
P V N E M L R T C C G P P I M I
T O R R A P C S O O B D R P I N
S S H E I E O O C X I I Y O U E
T P K A L H R D N E R N K U R K
O R U B W I N D K S D R T N D C
R E Y E M K U H Y M F D O V E I
K Y G J P L S H O Q D P T O A H
T D W G E A K I I I F I C E R C
```

- ☐ Eagle
- ☐ Hawks
- ☐ Osprey
- ☐ Falcons
- ☐ vulture
- ☐ Crane
- ☐ chicken
- ☐ turkey
- ☐ quail
- ☐ Heron
- ☐ Stork
- ☐ Hummingbird
- ☐ Swifts
- ☐ Ostrich
- ☐ Owl
- ☐ Parrot
- ☐ Cockatoo
- ☐ Penguin
- ☐ Pigeon
- ☐ Dove

Birds 2

```
S A N D G R O U S E S Y Q L W U A E
O S T R I C H E S V N F E P M C Y U
C I R E P S D R A T S U B E N S F Q
M V L A T L W O F A E N I U G H I Q
A T S D J N R E K C E P D O O W N Y
G O I T O T F C D Q P Y O N U F F R
P U U M N I H I R G M G T T I E O A
I C F L D A D G Y A N U F P N R O W
E A R L G I S Z I I N I L H A Q T O
K N O W R W A A M N W E P Z I O S S
X N G O E C Y A E S C W S S Y B E S
W M M F B O L A Y H U Z D N Y I X A
E A O R E F A A D U P Y R U C E J C
A P U E O K N C U C K O O S N F I Y
D K T T C D R I B E R O H S T M T Z
Z U H A C N I E X O A E S M Z A F D
J E S W A A A Y A A V H O O M W J R
```

- ☐ Shorebird
- ☐ Waterfowl
- ☐ Woodpecker
- ☐ Toucan
- ☐ Ostriches
- ☐ Cassowary
- ☐ Emu
- ☐ Magpie
- ☐ Guineafowl
- ☐ Pheasants
- ☐ Flamingo
- ☐ Grebe
- ☐ Sandgrouse
- ☐ Bustards
- ☐ Cuckoos
- ☐ Frogmouths
- ☐ Nightjar
- ☐ Swift
- ☐ Finfoots
- ☐ Cranes

Birds 3

```
O Y S T E R C A T C H E R A F T U D E
U A S G B R E V O L P B A R C Z X E S
U N P F U I E E T R O P I C B I R D H
D A Q G T K N Z U E P L P E C A I N E
P C T A T T K E S A P L N I Z S B S A
T A N L O Q K N L S U O Y W T T R S T
L J N L N C C P Z L O E F R S E E O H
I B A I Q C I H H L U M P E N C V R B
T Q R N U O H K B M E G Q S A O O T I
S I R U A O T F Y Z J A A A I V L A L
J E U L I T R E E S W I F T S A P B L
T Q T E L N G V D L I T P S F N I L M
A E J G O E W K U A R E P I P D N A S
P L O V E R S N I O I B I S B I L L D
E R E D N A W S N I A L P I S L I A R
Y S P A Z M A Z X D E U N E I E O H N
E F O U L O A U K S D A O D N U M T T
G S I Y Y U N A E O D R I G S Q T D F
```

- ☐ Treeswifts
- ☐ Rails
- ☐ Gallinule
- ☐ Coot
- ☐ Sheathbill
- ☐ Thick-knee
- ☐ Plover
- ☐ Stilt
- ☐ Avocets
- ☐ Ibisbill
- ☐ Oystercatcher
- ☐ Plovers
- ☐ Plains-Wanderer
- ☐ Jacana
- ☐ Sandpiper
- ☐ Buttonquail
- ☐ Crab plover
- ☐ Skua
- ☐ Auk
- ☐ Gull
- ☐ Tropicbird
- ☐ Loon
- ☐ Albatross
- ☐ Tern

Plants

```
U E K T S Y C T O T C Q D I G R E V S N E I Y U
N Y C D U O C B R E W O L F N O O M N U N O X K
D P E F V N C N I U I J P U I M E Q O X M U V S
T P N A C D N C I S Y Z O U F Q D P W V B E E P
C D I S U D Y M C P H F F K A W H R I K U S N Y
O L A C E P L A N T A O F I M E M F N F S H W U
R E L L I N E H C P E E P J B S E Y S G V S C S
D A R O L F I C U A P A I S L E F N U R B U E E
Y S T A R S O F P E R S I A C Q I E M D F R N S
L M P F Z E B R A P L A N T O A D T M U O B T R
I B O U N L M S C R Z O D M Z R P I E I X E U U
N U I O S R U Q G K C D I R C M C V R C T L R P
E X S Q G G C D U Z T R D C S O U H A F A T Y S
T R A I S N A M G U R B O B Z E T F I S I T P E
E Y Q W I C D S F A C R O S P X R T O D L O L I
R M N T D R A G O N L I L Y X K R I T M P B A D
M T J M H T M T H M M E G E L E K V S D L I N A
I O M Y K E P I P S N A M H C T U D F M A Q T L
N N Y U A Y I Z L Y K V K P T C U L X E N W U L
A D X K A O A F T U X W D R N O B I U O T M V F
L I S P I R A L G R A S S D E E Z H P D O Z P A
I K A N G A R O O P A W E L E P H A N T S E A R
S Z Y A P D N A L O V E L I E S B L E E D I N G
```

- ☐ Chenille
- ☐ Century plant
- ☐ Foxtail plant
- ☐ Stars of Persia
- ☐ Elephant's ear
- ☐ Love-lies-bleeding
- ☐ Lace plant

- ☐ Kangaroo paw.
- ☐ Zebra plant.
- ☐ Dutchman's pipe
- ☐ Spiral Grass
- ☐ Bishop's cap
- ☐ Orchid
- ☐ Moonflower

- ☐ Brugmansia
- ☐ Brunfelsia pauciflora
- ☐ Ladies purses
- ☐ Bottlebrush
- ☐ Snow-in-Summer
- ☐ Cordyline terminalis
- ☐ Dragon lily

Trees

```
W O K P O P L A R R V R U E J P
J T U U N R O R A C A C I A C P
K Y C O T T O N W O O D X O P Y
Y M G J A A F E V G A I F N L D
U R B Q U V S S D O O W G O D O
P T N J U Y T B N O A Y D I F O
D N O M L A C Y P R E S S C W W
V S L I R B A B O A B W W H T D
A P I D E A O B A N Y A N E U E
H U A E H D R E D N S R H R N R
C T R C P H A R Y A U R S R T C
R E E E K U D D O Y R E A Y S A
I E T C Q R E D G B T D I N E C
B B A L S A C Q O I I L J P H A
U N E P S A Q X D U C A S H C O
```

- ☐ acacia
- ☐ alder
- ☐ almond
- ☐ ash
- ☐ aspen
- ☐ balsa
- ☐ banyan
- ☐ baobab
- ☐ beech
- ☐ birch
- ☐ box
- ☐ cacao
- ☐ cedar
- ☐ cherry
- ☐ chestnut
- ☐ citrus
- ☐ cottonwood
- ☐ cypress
- ☐ dogwood
- ☐ poplar
- ☐ redwood

Flowers

```
M U R A A E T N A L P N O G A R D I
F E C O R I A N D E R Y E Q N R E A
D A N D E L I O N A S D Z T P E U E
K N I P E V O L C W G U O M Q G V M
L I U P S P A F E U M P X C C Z Z S
A N T H E R I C U M P U S U K I R I
C N P O E F N A S T E R C H I N A D
T R U M P E T F L O W E R F C O T A
M L K X U D C F R E D D O D C O I T
D J P G D A Y L I L Y A I N O A R E
T M R Z U F P U E P S J G F L Z I L
W N F O D F I L N P U G W T T L O E
D A I S Y O A A E U A O U V S A Y Z
Q Q B T A D X N I J R E C T F Q I A
Z F D T R I X V I C U M A P O Y Y H
W C N I S L S U C S I B I H O D V B
W M B N I E N I B M U L O C T E I O
```

- ☐ Anthericum
- ☐ Arum
- ☐ Arum
- ☐ Trumpet-flower
- ☐ Aspen
- ☐ Aster, China
- ☐ Clove pink
- ☐ Columbine
- ☐ Coltsfoot
- ☐ Coriander
- ☐ Crowfoot
- ☐ Daffodil
- ☐ Daisy
- ☐ Dandelion
- ☐ Date
- ☐ Daylily
- ☐ Dock
- ☐ Dodder
- ☐ Dragon-plant
- ☐ Hazel
- ☐ Hibiscus

US Small Towns 1

```
P P M I Y E L L O W S P R I N G S E
X S I Z R A J S T T B E A J Q O C I
H A B H K G M J N Y A U D W U I I I
E E A E A C B F V A A P D G L K T G
Z I L L N S O L N T Y P T U H E S C
A U E E D E L L I V N O O B L N Y I
C N E R N R H A R O C E D Z S O M S
A E R H U O N A P L E S A A X S U T
S J E I Y C R H Z U F I U E O I P I
H A D N A H B A U U Z L O E A D O M
I V I E M E R A D I O F U E H A M A
E L V B E P J I M T H O R P E M O R
R T L E P O M E A U E M P O F E I F
S Z E C A R B I A N O T H G U O H A
J B B K C T S C H A U M B E R G U D
N K S A V A N N A H W S E W A N E E
D D U T N U S M Y Q Z A U O E O V E
```

- ☐ Rocheport
- ☐ Decorah
- ☐ Jim Thorpe
- ☐ Cape May
- ☐ Yellow Springs
- ☐ Pawleys
- ☐ Houghton
- ☐ Belvidere
- ☐ Savannah
- ☐ Sewanee
- ☐ Cashiers
- ☐ Marfa
- ☐ Rhinebeck
- ☐ Mystic
- ☐ Galena
- ☐ Madison
- ☐ Helen
- ☐ Schaumberg
- ☐ Naples
- ☐ Boonville

US Small Towns 2

```
D D E A D W O O D G E P U C M C C B A
O F R P E M P I C A E U G S U O G E S
M L V E N C Y F S A Q N S I Y L O R E
S W O O D S T O C K N A E A E E B J S
T W U P X D E O D A M C M V M A A A O
O U P K R S R P P W T I O Y A D I C H
W A K T I S E A O V H E J A S V L K Y
E F T I S M X N W C K D Z F I I E S K
C J Y L P A S Y M E F I D V M L Y O E
C I I E R G C K A M S S G E Q L S N T
X E R A I N G S H A G A C E I E U I C
M Q P N N O E G Q F P E N S G R M T H
E C U A G L B I Y N A S H V I L L E U
C E C H D I G B M A N Z A N I T A R M
I E S A A A M E N D O C I N O F R E F
P T P E L C X W Z Y E T H F Q O O Y A
J R A P E L E M A Q T A U U O V U U I
K E N N E B U N K P O R T U A P X N T
```

- ☐ Nashville
- ☐ Ketchum
- ☐ Leadville
- ☐ Magnolia
- ☐ Sitka
- ☐ Snowmass
- ☐ Deadwood
- ☐ Stowe
- ☐ Chimayo
- ☐ Big Sky
- ☐ Baileys
- ☐ Seaside
- ☐ McCall
- ☐ Kennebunkport
- ☐ Woodstock
- ☐ Seward
- ☐ Geneva
- ☐ Manzanita
- ☐ Springdale
- ☐ Mendocino
- ☐ Hanaeli
- ☐ Jackson

Companies 1

```
A Q Y X V R B I Q A L T S X R H F O E E Y R T E E F W Z
I P E M J C K D B P T I A W D J I W L X E I T Y N O O H
M A M E R I C A N I N T E R N A T I O N A L G R O U P L
E M Y M I P T E F L W F M A V O T E O D N J O S J O R T
P C O P E L O X L E E T D P Y I A R O M T Q R U I J Y N
G C E Y A D A O I D A C I R E M A F O K N A B K A G D E
A A N N P K Y O B E C A T E R P I L L A R Y L L Q R Y F
E R O U T U E E K E E H C E L E M V C I U D S I U P Q B
I D E E F E S O O O I J U Y R A Y R U W E K U E U I L M
Y I Z A I T N B A A N T H E M M O E Y O P D P S A O A P
A N J D B E E E X O A Y I Z O N A R R P S Y P S E K C M
M A M U I O D Y S F G P Q H T A O M M X E E N E T U P A
E L Y D G D B E R K S H I R E H A T H A W A Y R D C K T
R H U O W Q E X E F N N K O N U C I S A Q N G P A T L S
I E A L I B A B A M Y Y M Q O X U P K B Y J A X B Q U K
S A B U N G E U A O P G U O L N O N P V H S T E N D E J
O L B A R E T R A H C A I I A N D E L P P A G N I F E S
U T P O A D C Z U L S C O Z T Y N I T P F E Y A N Y T R
R H K A C L U P A E P J F N I K A P D A H C I C T M D V
C R A Y U A U F R Q P H L R P B G Q E P K I I I N R F M
E L A M N O I E E Y A E A A L R M E W E G Z R I F Q L
B U N E P P O O B U E L I B C A A M E R N B O E C K D Y
E N X D I W O E X C X F E K E U F R F B W W Z M H E H O
R G H Z P M J E X Y E J U E D T Y N E I E R U A I N R L
G V D I W T N O Z A M A D Y B L R W E T F Z N S N C E E
E R G M N D E U H A H Y B M A O D D H T A Y R A V I K R
N P Q A M E R I C A N A I R L I N E S A I O U V C S E B
```

- ☐ Alphabet
- ☐ Altaba
- ☐ Amazon
- ☐ American Airlines
- ☐ American Express
- ☐ American International Group
- ☐ AmerisourceBergen
- ☐ Anthem
- ☐ Apple
- ☐ AT&T
- ☐ Bank of America
- ☐ Berkshire Hathaway
- ☐ Best Buy
- ☐ Bunge
- ☐ Capital One
- ☐ Cardinal Health
- ☐ Caterpillar
- ☐ Centene
- ☐ Charter
- ☐ Alibaba

Companies 2

```
R I R Z C I G N A C O C A C O L A E Q D
D T N I A P H X E D E F P X A V E X F F
D A J U X C F P U O R G I T I C X E T J
C O N O C O P H I L L I P S U L X L S P
N T B H G C I S J T E G B A I L O O E C
D T O U I O B A A I F M C O F U N N I V
E R Y I S M R I D Q A J E T E J M C G S
V F E P F C Q U P Z V W Q X T D O O O H
S H E L L A E R E E D N H O J F B R L E
P L R E F S N A R T Y G R E N E I P O A
U C H P E T D Z L C A H U A I E L I N L
Y L O D T Y S O N W T X V D T J K M H T
N O R V E H C I S C O P A B T T O W C H
T K O C T S O C S J O O R Q R N O N E W
Z X E U T L G R Q D W I R A A G B M T D
I S R T A Z E T S T E E D R M L E R L T
P V G Z Y P E F E L S U S C L F C E L O
V M G I F Y O S U U H T W G A M A Y E L
S S E N I L R I A A T L E D W O F F D K
```

- ☐ Chevron
- ☐ Cigna
- ☐ Cisco
- ☐ Citigroup
- ☐ Comcast
- ☐ ConocoPhillips
- ☐ Costco
- ☐ CVS Health
- ☐ John Deere
- ☐ Dell Technologies
- ☐ Delta Air Lines
- ☐ Energy Transfer LP
- ☐ Exelon Corp.
- ☐ Exxon Mobil
- ☐ Facebook
- ☐ FedEx
- ☐ Walmart
- ☐ Coca Cola
- ☐ Tyson
- ☐ Shell

Companies 3

```
L O C K H E E D M A R T I N L I R C E
G E N E R A L E L E C T R I C O B K N
S R O T O M L A R E N E G B E M W T M
U A I M A R A T H O N S A E F D F E L
G E N E R A L D Y N A M I C S O U O S
R R G I I O M Y Q T W W L G S J X N J
V D R A Q J O H N S O N J O H N S O N
M P A A S T N U E H F Y R W O U E S A
D E M J P M O R G A N C H A S E Z O N
H U R U P I S M P P I L U I L I M U E
N U G C S V U Z M M H O N E Y W E L L
O X M V K G I M C E R T T K O U C R F
S N S A D U E A S O F N D R X R P M M
S K T I N R W M C O I I R Q R A E P C
E N N R L A O E F H L E A T C J O T R
K I N W L G Y F W T T E I P W R U I O
C T E I F G H Q F X E E S B J Z E B G
M I P C L D F P T C M U W D M X T E F
```

- ☐ Ford
- ☐ General Dynamics
- ☐ General Electric
- ☐ General Motors
- ☐ HCA
- ☐ Honeywell
- ☐ HP
- ☐ Humana
- ☐ Ingram
- ☐ Intel
- ☐ IBM
- ☐ Johnson & Johnson
- ☐ JPMorgan Chase
- ☐ Lockheed Martin
- ☐ Lowe's
- ☐ Marathon
- ☐ McKesson
- ☐ Merck
- ☐ MetLif
- ☐ Microsoft

Car Brands

```
P T I A A N I T R A M N O T S A D V
X A M E A D C A Z S Q H S N U X H O
A D U S C F Z G V E Y Z M M X E M L
L N A U G X B A N F P A Z R E R D K
F O P B E I F T M I F E R R A R I S
A H I A N H C S H H S W W L C O N W
R W G R E S E A R I W S P Q R A N A
O G R U R I I D I I M I A S A M D G
M J D E A B E Y X T N Q P N E R U E
E R U F L U Q N G E N A U R O O C N
O T N G M S J E A I F O C F A O X R
P V T A O T Y I Y F A E P E C A I K
N O O P T I K R E O D D H L N Q C N
D L Y X O M S X H E P A N Y T E H M
T V O S R B M W S C W N T U D B I L
N O T O S G F F V A U I I A Y T M V
S T A V P T E L O R V E H C T H G H
```

- ☐ BMW
- ☐ Hyundai
- ☐ Ford
- ☐ Kia
- ☐ Chrysler
- ☐ Toyota
- ☐ Honda
- ☐ Mazda

- ☐ Mercedes
- ☐ Mitsubishi
- ☐ Nissan
- ☐ General Motors
- ☐ Subaru
- ☐ Volkswagen
- ☐ Volvo
- ☐ Tata

- ☐ Alfa Romeo
- ☐ Alpine
- ☐ Aston Martin
- ☐ Ferrari
- ☐ Chevrolet
- ☐ Pontiac

Museums

```
V U W P S X O B A E E U E E Z U G R R K B O E A E U M
E S E Y A M U E S U M E C A P S D N A R I A U N C I U
T P I M Q F A V C P S J W E H O R U D O J O B R A O E
I U Y C P A E Q I P U E T O A E R F M E M U T J M F S
A U M H L D P M W B P Y A T R L E T A R C A A E N R U
R V S F C V B U S S M I D W A Y R U O E D Q R E L Q M
T I O P P S K A Z G I S G P I H E D Y G U S M V E O I
R A M U E S U M L A I R O M E M T S U A C O L O H I I
O O M I E N X P I Q M F C K U X N K S L Y B N M D H W
P F U X Y F U G E T T Y C E N T E R U L O M E I C D W
L R E N Z H Y A V H D H S A E Z C W H I T F I E L D L
A O S M M M F P N F J U X U O D E O X V N Y S H S X A
N S U Z U I B R M K M L Y E U R C F I D A F M N O E N
O T M Z E D S F T D P U N U K I A Q E L I F E E S Y O
I M T S S Y F O A E Y I R O X U P N X E N D M G U S I
T U R U U R T O T J A S A H D E S W P I O E I G M I T
A S A U M H R Q E M C J G R G R Y U L F S U E U P E A
N E N S T B P U K U E E B G T T D A O N H J O G Y Y N
Q U A S R I E E A V I T I I Y C E P R E T E E I E M Y
T M I A A I T A W R Q B N Q H C N L A E I L U V B F Y
Y H S L N B R U M S V M X P H Z N S T R M X U K U D P
D P A A R T U N M D Y O W I Y K E X O G S A C B L B T
I A N B E D U F S T S Y H J A A K J R E M R F E M E O
P U F A D I M X C C S U P N B C J D I A Y E I F S H I
M M N M O P F A M Y L N L N U R Y D U K O F Q P T R T
N U U A M X C J R Y G E U U T S A F M M T T F Y C U R
```

- ☐ Frost (Museum)
- ☐ Chihuly
- ☐ National Portrait
- ☐ Field
- ☐ Whitfield
- ☐ MET
- ☐ USS Midway
- ☐ Broad (Museum)
- ☐ Modern Art (Museum)
- ☐ Getty Center
- ☐ Asian Art (Museum)
- ☐ Greenfield (Village)
- ☐ Kennedy Space Center
- ☐ National WWII (Museum)
- ☐ Holocaust Memorial (Museum)
- ☐ USS Alabama
- ☐ Air and Space (Museum)
- ☐ Smithsonian
- ☐ Guggenheim
- ☐ Exploratorium

Baseball (MLB) Teams

```
E E B A X I E S S E T E P E U V G
N K T S S Q O L L K P U O I E E X
S B U C D R A M C O Y J U U K L X
R N Y Z T N J W O N M O M H P I O
E O A S O E H V C K M Z Q U R U S
G E A I E Z O A K S E V A R B W D
I I T S D E C C X E O K I X H V E
T A A R R R O R I O L E S I E P R
N T P E A B A M B V R S T F I Y S
S H H G N L P U A O I E N R N S L
G L I I G U M B G R S N A I L E E
O E L T E E R I A O I T A A W S G
F T L I R J E O X A E N Y U S T N
I I I L S A Y M D S M O E U R D A
C C E U Y Y P Y T E R A D R O M E
P S S I G S D R U S Y A R L S P H
```

- ☐ Angels
- ☐ Red Sox
- ☐ Tigers
- ☐ Twins
- ☐ Guardians
- ☐ Tigers
- ☐ Orioles
- ☐ Blue Jays
- ☐ Rangers
- ☐ Athletics
- ☐ Royals
- ☐ Mariners
- ☐ Braves
- ☐ White Sox
- ☐ Cubs
- ☐ Nationals
- ☐ Astros
- ☐ Pirates
- ☐ Rays
- ☐ Phillies

Football (NFL) Teams

```
W J F G N I U B F U E A R P K D A D
F B E C S N O I L E C H A R G E R S
Z O U T L U O D A D S C A E R A M S
I I R Q S W E G S R K C B I C Y S U
B M E R N N L X A E C H I E F S R O
S U A B A E V E R D O L P H I N S N
J R A W S I B S I I Y Q Z F J N K X
U Q E U S Y D B V I K I N G S C P C
F V A D O R O E R S T O I R T A P B
L J S R N N E B R O I I T M S Z X R
C O L T S A S L W S N M S V N X S O
P F F C N K M N E O A C P I A A L W
M X R B J A B M O E C Y O X T Q L N
K M O Z M E I Y O C T U P S I I I S
U R F U R Y Q G W C L S A N T E B A
O E C S H G A K Q I P A I N U T A W
C A R D I N A L S P I V F O I I N C
```

- ☐ Cardinals
- ☐ Bears
- ☐ Packers
- ☐ Giants
- ☐ Lions
- ☐ Commanders
- ☐ Eagles
- ☐ Steelers
- ☐ Rams
- ☐ Browns
- ☐ Colts
- ☐ Cowboys
- ☐ Chiefs
- ☐ Chargers
- ☐ Broncos
- ☐ Jets
- ☐ Patriots
- ☐ Raiders
- ☐ Titans
- ☐ Bills
- ☐ Vikings
- ☐ Falcons
- ☐ Dolphins

Soccer (MLS) Teams

```
M G B Y V A E X X V I U N W L X E U F H E J
N G S U C R E A L S A L T L A K E A L A F E
E Y T C C H N A D E T P J C E D E E U P R L
W T M O U T A I N C D E U A R E Y I N I U K
E T E A X T D R P U U P J M T I T N F E E M
N F D A O E M S L I N N C B N T I T M T E D
G R E E T L I D U O M I I O O Z M E A T A Y
L U N I M Z O E E Y T D O T M U B R Y L O N
A Z N K R S A L L A D T P N E T E M X P D A
N U U M S D I P A R L M E I E D R I A Y D M
D V F G V E P R P T J C T K E E S A L U C O
R S K I F N L A E O U A N Y A I D M A I I R
E E Q D T S R L E D N I C E D S P I G A U S
V L L O E D U X I N B P I P F Q E Z A O I D
O F U D V X D P I V F U U A H J A N L N I H
L Z N E A Q E C E I H I L O U Y P U E P H S
U G L W N A N Q O C K S U L I R G U S H A P
T E O P S I E H V I I Y A Q S C E B N T D L
I Y T I C O D N A L R O C N Z W E R C I I A
O U W P E X C W F I T O R O N T O M U V D N
N A E D B C E A R T H Q U A K E S S S P E I
```

- ☐ United
- ☐ Charlotte
- ☐ Fire
- ☐ Crew
- ☐ D.C. United
- ☐ Cincinnati
- ☐ Inter Miami
- ☐ Montréal
- ☐ New England Revolution
- ☐ Red Bulls
- ☐ Orlando City
- ☐ Union
- ☐ Toronto
- ☐ Austin
- ☐ Rapids
- ☐ Dallas
- ☐ Dynamo
- ☐ LA Galaxy
- ☐ Nashville
- ☐ Timbers
- ☐ Real Salt Lake
- ☐ Earthquakes

Basketball (NBA) Teams

```
O S H N U Q I S P U R S T O Q X G I
R N O N E F U A J U P W I T B O O M
O O R R T U V I A A I H E N A B A A
C T N T N U A W Z Z U L O U E P G
K S E R N V T G A I F Z B L W E H I
E I T M A V E R I C K S L U L E T C
T P S I C G D E Y N B E R I T H P I
S U N S M S Z M O S T R C C Q C G I
L B A U V B I E J S K A A L P I R K
A O S Y K E E O L S N V A I V C I I
K F H R B N C R B S A H A W K S Z N
E N D O O F I K W L Q K E Z P C Z G
R J X N E T S C I O Z N H P D I L S
S T N T D E P E K A L U G E A T I E
S R E C A P R A U S M V H Y A L E P
I S D J U S T U R C N Y E I S E S K
W A R R I O R S X P T O E S Y C D O
```

- ☐ Lakers
- ☐ Celtics
- ☐ Heat
- ☐ Pistons
- ☐ Hornets
- ☐ Rockets
- ☐ Kings
- ☐ Nets
- ☐ Knicks
- ☐ Suns
- ☐ Magic
- ☐ Raptors
- ☐ Wizards
- ☐ Hawks
- ☐ Warriors
- ☐ Cavaliers
- ☐ Mavericks
- ☐ Spurs
- ☐ Jazz
- ☐ Pelicans
- ☐ Grizzlies
- ☐ Pacers
- ☐ Bullets
- ☐ Timberwolves

Countries 1

```
O C I X E M B A N G L A D E S H
C H T N S B R U N E I X E S A P
X A W I R O V Y I D N A L O P E
P U N U T U S W E D E N Q P Z X
O E D A R A S P T U D B M F H A
R K I U D M L S R T S U R I I N
T G E R M A N Y I O U A N V F E
U E I U D I U B X A N D I J C W
G E V O F B O Y Y C I L S S D Z
A J P P H T D U E A O F D B N E
L R P U S P N A E B Y N R V A A
P R T W N T I A H M Y A I F L L
I A A P S I A A P A Z J L E E A
N N G S R W P E B I U Y X R R N
A R U I I D S Y L X I P B D I D
```

- ☐ India
- ☐ USA
- ☐ Canada
- ☐ New Zealand
- ☐ France
- ☐ Italy
- ☐ Spain

- ☐ Ireland
- ☐ Bangladesh
- ☐ Mexico
- ☐ Portugal
- ☐ Poland
- ☐ Germany
- ☐ Sweden

- ☐ Russia
- ☐ Bhutan
- ☐ Bolivia
- ☐ Botswana
- ☐ Brazil
- ☐ Brunei

Countries 2

```
W E G U F N J I P T F L I I H S I D W
A N G O L A E M K L X F E S A U E W Z
M Z I G L S A R Y C D U O M N T O U M
A E R Y L N O C H U Z D A M I A D T E
U N E E T N I I O D A H U C T Z N S N
S G F E X I N R T B A I S A N E A D N
T S I V E A J U R B G C E M E R L T A
R V T R S R F A J L E G N O G B I I T
A V H C O H B U E A E V I E R A A N S
L P L S A A U B I L K A P E A I H D I
I F C J E B X N R K U I P A L J T O N
A K E S L D E N X P Y R I R C A U N A
D O L C F M A Q Q Y R T L R O N V E H
T R U U R B E L A R U S I O B S T S G
H G V A P M T Q G U A U H D R E E I F
A L B A N I A E O N I A P N A O N A A
E G Y P T F F E D A A U E A S H S I A
A L G E R I A F K A M B E L I Z E M N
```

- ☐ China
- ☐ Indonesia
- ☐ Thailand
- ☐ Vietnam
- ☐ Philippines
- ☐ Egypt
- ☐ Afghanistan
- ☐ Albania
- ☐ Algeria
- ☐ Andorra
- ☐ Angola
- ☐ Argentina
- ☐ Armenia
- ☐ Australia
- ☐ Austria
- ☐ Azerbaijan
- ☐ Bahamas
- ☐ Bahrain
- ☐ Bangladesh
- ☐ Barbados
- ☐ Belarus
- ☐ Belgium
- ☐ Belize
- ☐ Benin

Countries 3

```
T A B D C A B O V E R D E T D Y K U
A C O L O M B I A O O F E B A S R S
C H I L E S O U T H A F R I C A F U
I C C H A I R A G L U B C A N A D A
R A O Z C Q D A I T A O R C A X V I
A M M D J I B O U T I E M Q P Z N U
T B O S A F A N I K R U B S D P C Y
S O R Y X E S M R E I M U L C H A D
O D O K Z C A M E R O O N P C P T C
C I S I F F W R O E E E Y Y D M R Z
E A M Y U K R A M N E D P A C C R E
R D A Y J A D E E Z H R F M U I M C
D O M I N I C A Q D U G M B E R D H
T H P F G T I N N S E I A J I T C I
O J N S N U Q S M A R N Z J U R C A
A I R A B U R U N D I B T T O Q N I
A O N R O Y O T U T E B F P X D P W
```

- Bulgaria
- Burkina Faso
- Burundi
- Cabo Verde
- Cambodia
- Cameroon
- Canada
- Chad
- Chile
- Colombia
- Comoros
- Costa Rica
- Croatia
- Cuba
- Cyprus
- Czechia
- Denmark
- Djibouti
- Dominica
- South Africa

Water Activities

```
S G S E A W A L K I N G C A N Y O N I N G
N O O X X U U H Q U E N O L R A S F Y N Q
O J E T B O A T I N G B C M I R U P I F G
R G W N M R T C F E W L D I Y N M T F D E
K N N I P A R A S A I L I N G I A J G G O
E I A E N W Q D E F I A O Y T K W W Z N G
L H H Z Q D S Q F Y M M F T S C P S P I G
L S E A W T S D L S F X Z E C P A P I H N
I I X N P A I U G N I I K S R E T A W S I
N F V E G V T N R E D A D W W K S F P I V
G U U G I N F E C F W G N I M M I W S F I
L O Y N N U I R R Y I S A V O G O K P Y D
W T G B P I R V E I Y N A Z E L O U P L E
A E Q F O U K P I E R E G O Z E G Q I F G
G Q N E B Y K A P D D O Y E O E N N A A A
O W E I A I G F Y O A I N F R Z I R T R C
Y F V C T O M C T A N B V I E S F J E B L
P E P A D D L I N G K M U I N A R V I U A
U P O E A O U T A P E Y E C N G U M E J E
S S A I L I N G P P A Y Q Z S G S R A E E
```

- ☐ Sailing
- ☐ Surfing
- ☐ Scuba Diving
- ☐ Snorkelling
- ☐ Windsurfing
- ☐ Parasailing
- ☐ Kayaking
- ☐ Water Skiing
- ☐ Paddling
- ☐ Swimming
- ☐ Fishing
- ☐ Sea Walking
- ☐ Freediving
- ☐ Fly fishing
- ☐ Cliff Diving
- ☐ Canyoning
- ☐ Wake skating
- ☐ Cage Diving
- ☐ SUP Yoga
- ☐ Jet Boating
- ☐ Water Ironing

Sun Protection Terms to Know

```
K Z S H I R T L I G H T W E I G H T
A N O C E D M E N F U Y X R Y O Z V
O E C T Q O T E R E M I E T U Q F U
U E L J S U Y I T I U A M D K S P M
L R D N O I T A I D A R V U M V I B
T C A E F E O A U I M N N A I Y R R
R S S U N G L A S S E S N C U O H E
A N I V O Q F P S P H O L O A O A L
V U S H A D E L T A D O V D I C T L
I S P O L S O U D A T R B D N G Q A
O B S T Y O Y E D H H R N U I N E X
L C E U S I S Q C E I T P R C A S L
E B P E N A S O X M M D E S F L K F
T C F O I B V R M A M M F K I P W N
E I B L E E U E D S E E M P C J S U
T E I O R U D R F J I T H R Y U P D
M Y Q E W E F S N D U A I V I O B Y
```

- ☐ Lightweight
- ☐ Loose fit
- ☐ Cloth Cover
- ☐ SPF30
- ☐ SPF50
- ☐ Sunscreen
- ☐ Hat
- ☐ Shade
- ☐ Sunglasses
- ☐ Slip
- ☐ Slop
- ☐ Ultraviolet
- ☐ Sunburn
- ☐ UV Radiation
- ☐ Shirt
- ☐ Broad-brimmed
- ☐ Legionnaire
- ☐ Bucket hat
- ☐ Umbrella
- ☐ Shade sail

Golf Terms

```
H M K Y S X B U L C E T R N W P C
N E A M M P T E E S B Z T N B L S
E A E I D J N E R O F B T O O S U
V U D V D E E F W C O S O E O A D
E W D U A E M D I G B T P R W S Z
E B D S B U N E I J T O T A E N G
Q I T U U P G E X R U A R I N T E
N F N N L F I B Y P B U A R O I L
E U E B L I L F S L M S J P N D G
I R R A A P A Z A M D Q E P I N O
D C E Q R A C I Y F T C C I E A D
R A T G D A M B R O S E A H L B J
I T T N I A R G E Y Z N K C O O Y
B I U M N B U N K E R P A R H A V
O O P T G S S E R P M O C Q W L J
V N L W I M B E L G A E U A G Y U
```

- ☐ Ace
- ☐ Albatross
- ☐ Alignment
- ☐ Ambrose
- ☐ Away
- ☐ Bandit
- ☐ Bifurcation
- ☐ Bogie
- ☐ Bunker
- ☐ Bullarding
- ☐ Chip
- ☐ Compress
- ☐ Birdie
- ☐ Hole in One
- ☐ Eagle
- ☐ Dogleg
- ☐ Par
- ☐ Even
- ☐ Fore
- ☐ Club
- ☐ Putter
- ☐ Grain

Backpacking Terms

```
S E V I N K T R A S H B A G S X B I P
E F D E M I N R L O M N I F T C U D E
L T I P O R S W E A T E R P R C S O V
T O P S O E K Q P I Y N T T E E K C D
T O M K A L M U R S U W E R L Y A M F
O T A R D D Z E D Z Y M W T I O R N A
B H W O O N N F M P N R K S K H A D B
R P I F E G J M T E K C A J E I S A T
E A C K S L E E P I N G B A G C C T O
T S H F I R S T A I D K I T E K I T O
A T A E B N V I Q M P S F L P V E L T
W E R V H S G R S O R O L A I U Z S H
S F G U L A S B S E O P C X H O Z M B
E D E T E W T T O D H K I H N H M M R
O Z R R U E O S I O F P Y Z S H P T U
H U E O F V V Y N D T O X U R C X F S
S I R L E Y A E N B N S E B I U I K H
W A T E R T R E A T M E N T Y J D N F
```

- ☐ Hiking boots
- ☐ Shoes
- ☐ Backpack
- ☐ Tent
- ☐ Sleeping bag
- ☐ Stove
- ☐ Fuel
- ☐ Knives
- ☐ Forks
- ☐ Trash bags
- ☐ Food
- ☐ Cell Phone
- ☐ Charger
- ☐ Map
- ☐ Water bottles
- ☐ Water treatment
- ☐ T-shirt
- ☐ Jacket
- ☐ Sweater
- ☐ Toothbrush
- ☐ Toothpaste
- ☐ First aid kit

Summer Insects

```
U U O N A H X Z E X H S E N N E D S
H S A T U L I A T W O L L A W S A F
C T S S S J U T X O A O F L Y E N I
A S E D C U M E N S G U B D E B J E
O G E U B B O R M G U B Y D A L T P
R U B J F U S M O A E E F H U I G G
K B O K L T Q I S P W B X A C V U U
C E K N E T U T Q G I E E K B X B B
O U S T A E I F U Q D E S Y R E K G
C R A F S R T N I G P T L S Y P N N
O T D C N F O H T R Q L I A L N I I
E X A D Q L Z O O O Z E V T F F S S
I E C A P Y P E E I O V E K E Z A S
L T I B A J O Q S I D O E U S V A I
O U C G S T E N R O H I W L R F Y K
S F I R E A N T P P U P N P O O H Z
M N T Y A D F U Y P T X N R H E U O
```

- ☐ Cicadas
- ☐ Mosquitoes
- ☐ Bees
- ☐ Bed bugs
- ☐ True bugs
- ☐ Lady bug
- ☐ Sink bug
- ☐ Butterfly
- ☐ Swallowtail
- ☐ Beetle
- ☐ Fire ant
- ☐ Weevil
- ☐ Hornets
- ☐ Kissing bug
- ☐ Horse fly
- ☐ Mosquito
- ☐ Cockroach
- ☐ Ticks
- ☐ Fleas
- ☐ Fly
- ☐ Termite

Summer Sports

```
S G A T L Q C A N O E I N G O I Y X
Z N E I J G D B L N O F Q D O W K H
D I T U A Y D O L O H A N D B A L L
S W D J V M D X A T S I P S V A A E
R O M T H N F I B N A R E O P Z P T
B R A X L A L N T I I U I A K G T M
R I R S P S O G E M L G W K N B R G
E U C E A T G O K D I B N I E D O N
A M H O N I N D S A N Y V F G N Y I
K T E A S C D E A B G I W Q N N B C
D E R G O S A V B O D I D M I V G N
A M Y A A I U E M U O I D I K P N E
N G N I D R A O B E T A K S A I I F
C C T E X T Y O V E G E N O Y C L C
I C A M Y O A M E J J A U M A L C X
N C L I M B I N G N E Y V M K O Y Y
G B Y O R U E Q U E S T R I A N C E
```

- ☐ archery
- ☐ badminton
- ☐ basketball
- ☐ breakdancing
- ☐ boxing
- ☐ Canoeing
- ☐ kayaking
- ☐ climbing
- ☐ cycling
- ☐ diving
- ☐ equestrian
- ☐ fencing
- ☐ golf
- ☐ gymnastics
- ☐ handball
- ☐ judo
- ☐ skateboarding
- ☐ rowing
- ☐ rugby
- ☐ sailing

Summer Sports 2

```
L A A S Z U Y R O E E F M E H A I E W Y
L V O L L E Y B A L L I T S S E P S E T
A W E I G H T L I F T I N G A Q U U Q R
B V T A B L E T E N N I S K G R U Z H I
T L L A B E S A B U N D N E F U Z A S A
F M E M D D I V O O L U O I A T R H S T
O I C T U G O F W A R P N U E I O N I H
S Q R N G Y D F R L M G R N D O N Y C L
F D I V I A M I Y I C V N J T S S E P O
C I C E K F L C B N M I E I T G D S N N
I G K A W I U U A U S R N U D W Y F Y E
Z K E E B U N X K I P G P Y U F R O J L
S I T B S O C C E R F O O T B A L L E G
C R O Q U E T I Q Y D V N B A E P A Z U
G E I F W A K E B O A R D I N G A E I E
V F T U A N O O Q J T A E K W O N D O F
W A T E R P O L O N R V A L M P C E Q O
O X V G N I M M I W S N E E D F I N N V
L L A B T E U Q C A R G N I L T S E R W
```

- ☐ shooting
- ☐ soccer / football
- ☐ swimming
- ☐ surfing
- ☐ table tennis
- ☐ taekwondo
- ☐ tennis
- ☐ triathlon
- ☐ volleyball
- ☐ water polo
- ☐ weightlifting
- ☐ wrestling
- ☐ racquetball
- ☐ squash
- ☐ croquet
- ☐ cricket
- ☐ tug-of-war
- ☐ wakeboarding
- ☐ baseball
- ☐ softball

How to Cool Down

```
Q R T I W Z N L T E S E P A R D I T K F
Q E K E M A S O E G Y E Q U Z H N A P U
H C D D P H T V L D B D D N J M Q I U W
N J I B A D O E E E L Q X Y V R F R E H
A A E D E O S H R N M I T S E V E C I I
A A E R T X E O S B T R G S T Z S O M T
B I S A G I R E G W A I E H O C P N V E
N Q T U O N C J V T I L L T T N I D Z T
I T S Y E Y O I D N C M L A A S C I S S
E Z E E R B S S O R C X G O T W Y T M H
E R Y M A E R C E C I O A U O I F I O I
L E E M C Z T U R L I B T X P N O O O R
C Y E K M N Y O F J E E O L C G O N T T
I P V O Y L A E E D E C R O O K D I H I
S F O A Q C N A E I R I A N F W I N I I
P A E B O H A D I J U M D T U C B G E T
O J U D L E F C E J G P E E Y E T E B S
P B R R W E W A T E R B O M B S T D C
S D N I L B W O D N I W A T E R U C E C
```

- ☐ Fan
- ☐ Cross-Breeze
- ☐ Icebox
- ☐ Low bed
- ☐ Drapes
- ☐ Window blinds
- ☐ Ventilation
- ☐ Ice Cream
- ☐ Popsicle
- ☐ Swim
- ☐ Water
- ☐ Gatorade
- ☐ LED Lights
- ☐ Smoothie
- ☐ White T-shirt
- ☐ Air conditioning
- ☐ Watermelon
- ☐ Ice Vest
- ☐ Shade
- ☐ Spicy food
- ☐ Water bombs
- ☐ Water balloon

Former US Hurricane Names

```
M L I C U S I N N E D N B P B
B C L I A A T I R O A C A U I
U H A X G R M W U V N S U D O
F A U D P O O P I Y U E A N G
Y R R A L M R L I R E C F I C
S L A N C A O J W I F N A O J
E E N A A T S W I L M A E I Y
A Y W T R T A E Q F E R Z D D
K N O S E H M N E I S F N X C
M R I E A E O E W N N A T P Y
A K I R E W H R Q G S A N D E
A P C A T X T I E R T A E O D
S A T L T A Y A O I E N J P O
E N N A E J K R J D I V D D U
```

- ☐ Ida
- ☐ Laura
- ☐ Erika
- ☐ Ingrid
- ☐ Sandy
- ☐ Irene
- ☐ Igor

- ☐ Thomas
- ☐ Matthew
- ☐ Carol
- ☐ Edna
- ☐ Dennis
- ☐ Katrina
- ☐ Rita

- ☐ Stan
- ☐ Wilma
- ☐ Charley
- ☐ Frances
- ☐ Ivan
- ☐ Jeanne

Misspellings 1

```
T N E M E C N U O N N A Y U P M N S E
N H S I I G F F D N U O F O R P R I A
U U W V R F P A M X U K H L R V U T M
O E I D X P C E T A C I L E D W O U Y
Y U E Y A X E E K Z L A U L K Y T A Y
P I N A I R A T E G E V A E U C A T L
D N U D E Y G F D I R I S C M N M I P
E N A W X I X U M P R B U O P E O O I
X O O E L R P H M E S Q B M O D L N T
P C H A V P X H P E C M T M L N P I L
E E W E C G U M X F N Y R E L E I N U
R N M A C H I N E R Y T A M U T D O M
I T I M K F J R A E G E C O T U Y I O
E Q P N O A D X R M Q Q T R I L J T L
N T N O I T I T E P E R T A O T N C P
C B O R R A S E B E V A D T N Y Y A U
E X T F E M I N I N E F D E Y F C E T
D J I E E F J E S I M O R P M O C R F
```

- ☐ situaetion
- ☐ anouncement
- ☐ maschinery
- ☐ compromize
- ☐ repetitin
- ☐ polyution
- ☐ comemorate
- ☐ eggsperienced
- ☐ wegetarian
- ☐ femininne
- ☐ deplomat
- ☐ tendensy
- ☐ innoscent
- ☐ argyument
- ☐ profund
- ☐ delikate
- ☐ imperyal
- ☐ reaktion
- ☐ multipli
- ☐ subtrackt

Misspellings 2

```
I N T R O D U C T I O N V E E Q H K C P T
C J D Y U V F P Q I B A T T L E F I E L D
T J Y T E X C E P T I O N O Y E T O C Z R
R F I I E P N O I S S E R P E D O M S J M
L F S U V C O A L I T I O N M V F A A T J
E V M G I F O C C U P A T I O N H G M N S
L C Y I T M I C M E E S A X Y I N H I A H
C O S B C C U I U N B O I B F E P D D Z S
O R U M A U I R R G A S I I S Y C R S F I
N R F A R A C Q U A I N T A N C E E Z G L
T E F J E U K A M P W O L Z J E C S N H B
R S E A T R A N S M I S S I O N A I I S A
A P R U N C S P V A S C P V D P T D G I T
D O I O I C I O B H Y O P I F R H E H U S
I N N S A D O U T C M S X A V V E N T Q E
C D G N F R O W N Q D D I F X X D C M N D
T E X C A V A T I O N V U Y V C R E A I M
I N C E N O R O R H G M O G T N A W R L B
O C S T Z X M T M I D U J S A I L E E E F
N E C N T X C Y H K Z P G R P Z N I A R D
```

- ambigyuiti
- corespondense
- establyish
- residense
- eggscavation
- ocyupation
- koalition
- transmision
- akwaintance
- depresion
- contradiktion
- xseption
- relinqwish
- batlefield
- shampagne
- introduktion
- kathedral
- knightmare
- interaktiv
- sufering

Misspellings 3

```
S A E H I R I M R E N F X J E I I A Y F Y
D B S A E A D E P N S T K P E I Y A T B J
T S R D V E N O I T A P I C I T N A O B Y
U M Q Q O P Y S H O Y E E L H S P N L N E
N Q R O U P I N T R O D U C E I A S T T N
E E V U C A Z Z G R T N A L P E S U O H O
G B T P F S C U J A O P E A Y E P E U T I
P E M A A I R I S G O R C H E S T R A A T
Y O M L D D S E C T O V E R W H E L M C I
C I S E A I E A V O B O Z S N D C O P C S
N A L S R P L U R O N R Q I T O Q F W E O
E S I U E G P O A C L F E N C K S A H P P
U U T S O S E E S V H U E O G Y O O D T S
Q O I C C U S N A N A I T R V J O A N A I
E M G F Y D I I C R O I T I E A F G I N D
R I A O A H Y L O Y A C L E O N A M G C K
F N T Y P D V Y O N U N G A C N C S E E X
A A I T N N O Q H G M E C M B T A E R F P
Z N O F A S S E R T I V E E P L L R S U S
Z U N Y T I L A N O S R E P G E E O Y U F
```

- ☐ rewolyutionary
- ☐ freqwhency
- ☐ apearance
- ☐ howseplant
- ☐ arkitect
- ☐ asertive
- ☐ emergentsy
- ☐ overvelm
- ☐ orkestra
- ☐ disapear
- ☐ availeble
- ☐ aceptance
- ☐ perrsonality
- ☐ posesion
- ☐ yunanimous
- ☐ introdeuce
- ☐ konferense
- ☐ konsolidate
- ☐ dispozition
- ☐ antecipation
- ☐ litegateion

Misspellings 4

```
C L L F D Z M N D I S A R M A I S
Y Z O O W E H I G H P I T C H E D
U E L P Z H Y P N O U U F H Q N E
Y C T E S C O E R D A E F C O S L
Z T I C S I X B E E L M B O R C D
E S T R O A D D O U W E U E O O A
H T T U U M R E P A L O S S E R T
E O O E N O M W D K S B O S X C V
X K J O E P L U I F X T P L U H V
B I Z A R R E O N T I M D A I L Y
A M S E W I N T C I R Y Y U L T I
E Y F T T E A E Q O C A N R D E I
F E W S J C H Q F D J A I M V D N
R I U A S I U I E I O U T L R A Y
O D F D I X S E D E N C W E I Y I
G N E Z A L B C O N L M N G A R E
```

- Nutti
- Bizar
- Daile
- kat
- schorch
- whoozy
- dissarm
- comunicate
- loopsided
- ruuf
- high-pitched
- Woulen
- Sicks
- prefur
- steir
- Dustt
- Boastin
- mindles
- blue-id
- Colorr
- Blase
- Trael

Misspellings 5

```
A U F V M P S I Z I M D U U E N A
F C O M B T X N Y M A M U C K C D
A I B Y A Z N S I P S E A V R A D
A P R I C E P E R L J E A L O U S
W C A N C E X A M P U O X B B U R
U P O P C O E W O T F F O H E P E
D U T I O P A S W P S E P N S W T
T N A R P W S L H A A U T L E R H
I L A A Y E Q M E T A L J I E E G
P N S H S F A K O G F O G D I H U
J I D S D N I O K P E H D B A X A
D Z I K M N E J L E L L A R A P D
Y V N O C S O T N W O T N W O D P
E D R A C O S C T M I A Y G V P Q
L Y P P I U L S E I U A Y F E U I
P P S D T H R E E S M R N E G F O
```

- ☐ downtoun
- ☐ paralel
- ☐ adjustmint
- ☐ koal
- ☐ dawghter
- ☐ obeese
- ☐ weiy
- ☐ disapear
- ☐ lok
- ☐ komb
- ☐ sekond-hand
- ☐ amuk
- ☐ gealous
- ☐ metel
- ☐ trhee
- ☐ prisee
- ☐ miten
- ☐ helpfull
- ☐ posessive
- ☐ speciel

Misspellings 6

```
R E C E I P T M C M Y B A E E N
R A M E D U C A T I O N R U N O
V S H R U G X B R T O C S R L I
A O M G W S S A M F C P G A B T
G H N E N T E R T A I N I N G P
U S N C I W Q F Y D T C L P W A
E A U N L J P C E F A U S O J C
R R B F O U N R K R U X J M U X
C C F T E C S I I U Q B Y H U E
R F O A M Y H I E I A B K G U A
E R A U Q S L I V E F Z O P U P
C G T M M U I F E E P S O Z R C
G H B A L L A E O F A R P H C J
S N D E K U I F G A P M S I E T
E D E M E N I N T E R R U P T F
```

- skware
- cheef
- spyders
- Damm
- shrugg
- baal
- vagee
- receept
- foomy
- spoky
- rasial
- edukation
- Runn
- inkonclusive
- krash
- Masss
- entrtaining
- aqwatic
- captin
- interupt

Misspellings 7

```
G E V Y E N O M P P E C K L S E E
W H I S P E R I N G K U P I K L V
F G O B E D I E N T Z A O F P E I
C L I T T L E N I O C A Q M X K T
I O V M O B C N I W T L J A Y P C
N P U S Y N R T E L N X E F O S E
A A A E C N A T S B U S P T T Y F
G W P I N V E O C O O O A O M C E
R O S E T A R T N E C N O C K H D
O N O I T A T N A L P R P G H E E
P N M R A D E A E Y O S E I D D C
W W I C O O I N G P Z E S Q M E O
X A M D R A U G E S E Y X S P L R
X Y N A H N O X N A O F E P N I O
Y N I T I R S K F R I M U D F C U
N S R E S U E E N E O E R O O Y S
```

- ☐ antts
- ☐ substanse
- ☐ konsentrate
- ☐ wispering
- ☐ litle
- ☐ plantetion
- ☐ pek
- ☐ cooeng
- ☐ psykedelic
- ☐ yann
- ☐ organik
- ☐ pocke
- ☐ dekorous
- ☐ obiedient
- ☐ kount
- ☐ defektiv
- ☐ raspi
- ☐ gaard
- ☐ saa
- ☐ monee

Misspellings 8

```
H U U T I E O C X G L O W C D Y N
I D Q E C I M B F E U G I L E R I
O S G R N H I O Y R A W S O S M P
X X R R Z E U G S K Y N U V T O S
E E A I H P C N N E N I U E R T I
O H N F U Y S E K A R I F R O I P
E K D Y R K T E X Y W I S Q Y O G
U R M F T R Y J R B I A T L E N O
W O O A S E T T L E N P R O R L S
Q T T L W R E S T L E C A E P E T
D A H E G N O R W I R X X J G S A
E E E R E D S M E O Z G R N I S G
M R R T F A L R O S D U M C W Z E
I C E O T I K K N Z E S P D N S F
R I E E E M O M I I R S A D N B D
C A E K O M S G R H E Y T I N A S
```

- ☐ avare
- ☐ sink
- ☐ grandmothe
- ☐ rongg
- ☐ alart
- ☐ chunki
- ☐ wrestel
- ☐ smokhe
- ☐ waryy
- ☐ mosionless
- ☐ piin
- ☐ gloo
- ☐ setle
- ☐ terify
- ☐ krime
- ☐ staje
- ☐ clov
- ☐ tyresome
- ☐ crooc
- ☐ kreator
- ☐ distroyer
- ☐ sanite

Misspellings 9

```
U I F A H D F V M T Y P I C A L V
M C Q T Z G P R T H G I E W Y G O
A E E S S E L H T R O W U O I A N
W Q L E U E I Y E P S A M B D Y Y
A C S T C U N T W A S H S B E M E
K G O J I A M H O C C U R L R L E
E C C T S N S M U K E A M E G Q I
N H R J T M G P J F D A C R U E L
O I C O N C E R N M X Y R T H B C
T P T M G R A N D I O S E C A Y M
I W E F R I G H T E N J U O N V V
C U E X Y A M R M G B M N N I U E
E A L N Q Z S V A B U R K F M A V
D F B O Y F R I E N D M A U A S A
U Z M E S S Y V T W S U X S L F R
Y U P W I D O W S S P Y Y E H I B
```

- ☐ jogg
- ☐ grandyose
- ☐ consern
- ☐ weaght
- ☐ meltin
- ☐ steem
- ☐ konfuse
- ☐ brassh
- ☐ awaike
- ☐ washh
- ☐ ocur
- ☐ notise
- ☐ worthles
- ☐ tipical
- ☐ rhithm
- ☐ mesy
- ☐ kruel
- ☐ anemal
- ☐ woble
- ☐ friten
- ☐ breave
- ☐ vidow
- ☐ boyfrend

Misspellings 10

```
R E N N I W U K A B A F T Y U J
Y T S F X G D E S A I B N U N L
J E T E I N O Y U J C D J I K O
R A U A B I S N A T C H A I N S
E C P R U T S C I T E A N O O S
D H I S M S N A P P Y R E U W B
E I D A P U M U D D L E T Y N A
T N G V X G K F T E J T P O R K
E G N O S S Q U B E L O N G F I
C Z U R P I C S H I O P U O I N
T F O Y Y D T R T H F M A D X E
I T Y V E E U E C P K X M S E X
V N J T W D D Z M U A D U W D X
E O Y M D A I O W V T I V U Y U
O K O Y E E P P T O I M R U M V
```

- ☐ disgustin
- ☐ stuped
- ☐ abaftt
- ☐ unknon
- ☐ bumpp
- ☐ rudy
- ☐ mudle
- ☐ fixxed
- ☐ feiar
- ☐ tenn
- ☐ sawory
- ☐ styew
- ☐ snyatch
- ☐ unbyased
- ☐ napy
- ☐ teeching
- ☐ los
- ☐ yung
- ☐ bilong
- ☐ spi
- ☐ detektiv
- ☐ wynner

Answers

A Day At the Beach 1

```
G S I T R O F D N A S E O L I Y W S
A N A J G K M O I E Y E B P H G R C
K M I N B N T D D D J C O J G N V C
E E G Y D M I A Q N D E A E N I A I
Z T I N L C O F Q D N E T T I H M E
X C I L I F A Q R Y R B I S H T A L
S M F N I L E S F U G S N K S A X L
C C E C F O D T T N S I G I I B Y A
U O U A U L N D I L M R A I F N C B
B U Y L A U E B A K E F U N S U S Y
A D O M R O B O F P H V Y G A S O E
D D N V O A S N O R K E L L I N G L
I K I T R T G N I N N U R F I S L L
V C T C H L P D V J U D A O B F Q O
I E F X M B S H E L L S Z U I R C V
N U F O S C A V E N G E R H U N T X
G V I X T X P Y N E F J V E B A V Y
```

A Day At the Beach 2

```
V I U E B K E O Y A R G N I T S E
E R T E O C S U M K O X A N W O N
F O Z D A U U P I A P Y K V I C D
W C M Y R L D M K C R E O O P C L
P K T S D T D F Y E E O I D A E E
E Y O S W O A U T Y A C R Z R R S
U P J A A P S A M W O I R D A G S
C D S R L N W L K O F B J E S U N
E V E G K U A U L T M R H G A I U
B I S D L K Z E W E S P S G I M K
R F K E W B N O C A H B I A L O A
A R J R A O O F N O M S F J I E Z
B A G R A D R D F O O X R S N C S
R H C R T H B C Q T S K A A G A W
F W Y I P A S V B N F C T C W F R
Z L E F R D O M Y U O H S P U R I
```

Summer Clothes 1

```
H I C A T E L G N I S O M I N P F
M O T N O E W S K N U R T S K O L
U Y A F D E I B U U K T F M X L I
P U H F I O B A T H R O B E E O P
G Y P E X Y V U T R I H S T G S F
T A N K T O P E B L O U S E O H L
C R U I C D U T R B A M U F G I O
Y S S N I Y E D N A B K K O G R P
C W H I J P S A T O L I T R L T S
H I O K I I E O X I S L Y U E I I
I D R I T H N E M T S T S E S Z E
I E T B S D R I E Y E S L R K I C
S O S Y I S E I K G P N E E O N E
K O J E E W Z Z M I R I Z R B O U
S U N G L A S S E S B O E I D M E
C A R G O P A N T S J E X A M D Y
```

Summer Clothes 2

```
Y F E S R Z P X S C B C D N S Q U S
A A K N F S K U X O W Y P A A K T L
S A M A J A P C R S C T Y S E S E E
P O T F R A C S P S Q O J A T U L E
S H O X T U U O S K E V S W C O G V
J U E Y Q O L E H I K E R R R S N E
D T N X S F V D O U C R E E O E I L
L A N G P L Y E R E A A K M S T S E
O Q K I L F I S T E P L A U S T M S
I F L Y I A I N S P S L E F B O D S
F F G Y C P S J G R O S N R O L E S
K F S I P T R S P B K T S E D U R H
R U L E K W F J E I A Q K P Y C B I
Q N S X D G N S R S Y C R N B Q Y R
M N W S M O U T Z A A I K T A E H T
H A W A I I A N S H I R T N G T A D
G I Y U Y L H O B S F Z A O O K T D
```

102

A Day At the Beach 1

```
G S I T R O F D N A S E O L I Y W S
A N A J G K M O I E Y E B P H G R C
K M I N B N T D D D J C O J G N V C
E E G Y D M I A Q N D E A E N I A I
Z T I N L C O F Q D N E T T I H M E
X C I L I F A Q R Y R B I S H T A L
S M F N I L E S F U G S N K S A X L
C C E C F O D T T N S I G I I B Y A
U O U A U L N D I L M R A I F N C B
B U Y L A U E B A K E F U N S U S Y
A D O M R O B O F P H V Y G A S O E
D D N V O A S N O R K E L L I N G L
I K I T R T G N I N N U R F I S L L
V C T C H L P D V J U D A O B F Q O
I E F X M B S H E L L S Z U I R C V
N U F O S C A V E N G E R H U N T X
G V I X T X P Y N E F J V E B A V Y
```

A Day At the Beach 2

```
V I U E B K E O Y A R G N I T S E
E R T E O C S U M K O X A N W O N
F O Z D A U U P I A P Y K V I C D
W C M Y R L D M K C R E O O P C L
P K T S D T D F Y E E O I D A E E
E Y O S W O A U T Y A C R Z R R S
U P J A A P S A M W O I R D A G S
C D S R L N W L K O F B J E S U N
E V E G K U A U L T M R H G A I U
B I S D L K Z E W E S P S G I M K
R F K E W B N O C A H B I A L O A
A R J R A O O F N O M S F J I E Z
B A G R A D R D F O O X R S N C S
R H C R T H B C Q T S K A A G A W
F W Y I P A S V B N F C T C W F R
Z L E F R D O M Y U O H S P U R I
```

Summer Clothes 1

```
H I C A T E L G N I S O M I N P F
M O T N O E W S K N U R T S K O L
U Y A F D E I B U U K T F M X L I
P U H F I O B A T H R O B E E O P
G Y P E X Y V U T R I H S T G S F
T A N K T O P E B L O U S E O H L
C R U I C D U T R B A M U F G I O
Y S S N I Y E D N A B K K O G R P
C W H I J P S A T O L I T R L T S
H I O K I I E O X I S L Y U E I I
I D R I T H N E M T S T S E S Z E
I E T B S D R I E Y E S L R K I C
S O S Y I S E I K G P N E E O N E
K O J E E W Z Z M I R I Z R B O U
S U N G L A S S E S B O E I D M E
C A R G O P A N T S J E X A M D Y
```

Summer Clothes 2

```
Y F E S R Z P X S C B C D N S Q U S
A A K N F S K U X O W Y P A A K T L
S A M A J A P C R S C T Y S E S E E
P O T F R A C S P S Q O J A T U L E
S H O X T U U O S K E V S W C O G V
J U E Y Q O L E H I K E R R R S N E
D T N X S F V D O U C R E E O E I L
L A N G P L Y E R E A A K M S T S E
O Q K I L F I S T E P L A U S T M S
I F L Y I A I N S P S L E F B O D S
F F G Y C P S J G R O S N R O L E S
K F S I P T R S P B K T S E D U R H
R U L E K W F J E I A Q K P Y C B I
Q N S X D G N S R S Y C R N B Q Y R
M N W S M O U T Z A A I K T A E H T
H A W A I I A N S H I R T N G T A D
G I Y U Y L H O B S F Z A O O K T D
```

Summer Fruits

```
N B P I I U E T A C P U Z A E G N
S G U C W Y R R E B E U L B V B E
A R Y W R D M Y M U L P K C A L B
P O Y C H E R R Y O Y Z E S J A D
E Q V E L Q Q W D N Y O P E M C T
L N O M E L S V C O R A M H Y K I
O D A C O V A E X L Q A A C T B U
V P H S M U S K M E L O N A U E R
M A B A N A N A M M O T G E N R F
I Q Z D P L I M E R R E O P O R K
R D U R I A N Y A E U I C E C Y C
P N K I W I P P M T E E A Y O P A
O E X P N H P A U A S I A Y C E J
Y R R E B L U M Y W T I U E R A F
V Y Y R E T D M O A M N C E P R K
F T Q E T C S E P A R G O R W U E
```

Summer Vegetables

```
B E R R Y O A S B S S I F P N S Q
G U T N W X O C A P S I C U M A P
U H O R W K O T N A L P G G E J X
X C O K R E J G S E U R E P P E P
C E T A S A N F S H S A U Q S Y Y
H C A N I P S L H M S P D I F W B
S F T B P M V T O H T U G R T Y B
C P O O Y D N V A O U S I I T J R
C E P F A A Y L M L H J N F J S O
R U F A R S L A T F C V G A O D C
I T C A E O T B P L F I E R E S C
C A M U T O N O L E M Z R A J B O
O A A B M P N A W S R E G O Y F L
R A E D E B T N M U L E I U J O I
N U D A C O E W H S O S N E E R G
C R S E J P F R E C U T T E L Z S
```

103

Ice Cream Flavours

```
P V N I P N Z J K C F P O F Y R O O D Q
D E K A C Y A D H T R I B U H W N M K C
Z F K N H O O A L L I N A V C D N O T J
S Q N E O P X Z C R O I D A A Y S D L C
P U D F C U O E U R I N M A E F M U N O
M M C H O C O L A T E C H I P U P U M F
N A T I L O P A E N O R E O R N I U B F
L Y H M A E R C N S E I K O O C S U A E
M M T U T P A S S I O N F R U I T Y U E
O U R Y E N N O E M Z I P P R T A I Q G
T P N N U T E L L A E C C G E S C P Z D
E Y O S A U O A N S U M M R G E H B N A
E M D A O R Y K C O R P P D E R I V S C
S U N K T S T R A W B E R R Y A O Y W N
H G U O D E I K O O C C Y I U C H S U Y
T U N A E P C I C A P A X S F X F T Y S
N W S X I H S F N U Y N S E D A S G Z M
S P A S A A Q C X F N T Z Q I L S M Q M
S I I D U W H X V T F P N U M I N T O O
```

Summer Weather Terminology

```
K B M S I X O Y J M B A S K K F I
C C L M N A N I N A L A Y S O D T
B Z Y G G U M Y C L F F S C W L M
T H U N D E R S T O R M T O Y I C
H R N R D P O N I N L E E R J M S
T M P S E R I F D L I W A C E O D
T R O P I C A L S T O R M H N N E
E V I S S E R P P O B M Y I A C V
E M Y K C I T S L A C O M N C U A
V A E S T I F L I N G Y A G I E W
G N I R E T L E W S H B O L R Z T
C V C O K K K V Z W O A F N R B A
B E A Y O Y U L V E T L Y P U T E
J Z P L X D Y O N A N M R E H O H
F W O H U M I D W T A Y S M D C E
T Y U U I Q W M R Y E D U I R A U
```

Summer Drinks

```
E N U R L E M O N A D E S B F B M E
G C I E U M D M I L K S H A K E G N
T M C D O O T O R A N G E J U I C E
E I E H R R P W A T T B E E Z T F T
C L D W A T E R A K N O F Q Y J F U
I K T F O Q U D Z G T B F E A B D U
U P E T A L O C O H C T O H O R U X
J H A K D E R E T A W X C S C U I M
O R Y P C A C C Q P W M U M O E Z J
A J U C B F F I V P Y H G N C Q Z O
C C R K L I M T U N O C O C F P R S
S O D A L E C I U I O T A M O T I C
T A U U C T S M O O T H I E I R P E
R T R P E N Q I H Z E I O F E M N S
U A S A L E M O N A D E U E A I M O
Z E K A H S K L I M P S B R W E X T
N N J S D I I E F U R B F F F T O F
```

Food Items

```
C T O E Q C C E C E F E D I O W U U R U
V G L U E L M R P Y I M I P S I F U U L
S E S U S H I I A S J Q I E A H R W E S
R X H O L S E G T I Y C B Y S A I T M D
E F I M R U J U B A N H M I H M E O R A
D I D C J R N G G C W U I M I B D A Y U
N E K C I H C O A P G N U K M U R S I U
E S A C G R O A N P E F B O I R I T W C
T G J U F R E N C H F R I E S G C P B I
N O O D O E A Z Z I P W C P Z E E W N Z
E D I C E C R E A M T S J N O R Y O P D
K T D E B F S W N F D Y E C F S R R F A
C O T C O O Y N W O I I U S K A E O L L
I H T O I O M U S M I D A R C G B O N A
H N E K C I H C O A S T L A R E N E G S
C H R I N A Y I R I B E M U Q Y F H U U
M J U P I H V C A I M W B N B U N C H A
M O R E O S K X F E O I A M F N O D U A
L D U O S X D O T A C O E U S V T C C E
```

US Beach Cities

Words to Describe Summer 1

Words to Describe Summer 2

Words to Describe Summer 3

Summer Travel Spots 1

```
P O S I N D I A N A P O L I S E D D C
R W N E W Y O R K C I T Y I B O A S O
N J A C K S O N V I L L E B O P A W M
R O J S Y E X I N E O H P E V N Q A D
S X N C H A R L O T T E M E D W L E D
W A M I I S F K F E T R I A S A M O
T S N A T P N Y E N P T E R H U J B Y
E L A A I S N G P O A G P E O B H O Y
L M A N N H U Q T E O P S I U M L G Y
T Z D H F T P A E O J X A U S U O A F
T W S U S R O L O P N M L P T L S C E
A Z U E C U A N E N E C L Z O O A I R
E S O J N A S N I D Q S A A N C N H E
S D C D Y E D H C O A T D I U C G C V
I S E K P E C B R I B L F P W V E U N
Y Y Z Y C U N F D C S S I U M O L G E
H T R O W T R O F I K C T H U O E O D
A I G M I Y C X I G J O D P W S M I
```

Summer Travel Spots 2

```
J B S I E E U N R E U N O T S O B R K
I I P E W D R M W I E W T A L S S U O
A I U O J I U O C D O N S E R F Q T E
U O U M X L B B M H S C Y L P G D U U
O K L A H O M A C I T Y N M E E Z C Q
L O U I S V I L L E T F I E Q E S S R
K A T L A N T A U C U L D S T K A O E
M S E O M M E O N H D P A A E U C N U
J A K K A N S A S C I T Y B B A R N Q
S G N I R P S O D A R O L O C W A E U
U Y X Z O H H E N B S K O V M L M L B
T X Q N V G T H U R P T N N E I E P L
G S X I I R L A S V E G A S M M N A A
L I L E O D I A S M E R N N P P T S U
S L L I H A T G F Z W A U P H V O O R
E A T T Y U E F T Y L U O C I N C Y L
R C P F W U V M E E W S D U S P B H X
N O R N P O J C P V A D N A L T R O P
```

Summer Travel Spots 3

Summer Travel Spots 4

Summer Travel Spots 5

Volleyball

Soccer

Bike Rides

Camping

The Night Sky

Running

```
I U C R O S S T R A I N I N G R U P
E G N I N I A R T R E V O C M E U X
O Z F R S W E A T E W S N A E C I E
E S H O E S D S R V D I S A F N R S
N I M N O N L Z U W U E T R E E R T
W D T M L E A J I X S T R B I D T R
O I E A F O R M T T K U A I J A E E
D M O N L M V X S T O P W A T C H A
L G N I H C T E R T S P A C E N A K
O X O E U J U I O E G K I Y T I F E
O O T K K M A I K J F S C T A I M R
C Z R Q Z T N A T V P U M R A W I B
A R T I H T U T Q P U M A A B F A S
P D Z L E Y J Y N Y O P M G K I F K
E O E T R E S T D A Y S N W E P P C
L T B A R E F O O T R U N N E R S O
E H J A B T O H T I R F E D I R T S
```

Potluck

```
G O R N O I T A L L O C F S F S M
R Y H B A C O N A A I E V P D H N
I M E A L M A N G O T F B I L R C
T D T D A Q J U E E Y A H B I A
S E I R R E B W A R T S N C P M K
U A E C E S P R E A D F Q N N P E
Q A M G I U S P K H K C U R E Y S
T L O W I I Z S S S E H E O K W S
O D U E D W T U J O B O T C C R S
O T O Y S T E R S H A R R P I F E
R C H O W A R R P F B I P O H E L
E D A O A S R E E X S Z A P C A P
P J U X M L N T L N B O M F O S P
P R P Y P I N E A P P L E S C T A
U Q T S D E V L X O Y K J I S E C
S W R S F M E O P X X J F D R I N
```

Hiking

```
M Z A I H S Q S C W V E Y O R P U C
C M E C I Y Q Y A W O L L O H B T F
P E D C D U U W D U N F S D L R O U
U T P J A H T M O E I M D A A P R A
L F Y C E Y E H C A C D Z I E R E L
E Z I A R P R P P X P E L B G O B K
M Y R T T O U M G F C H U A E G A A
A O A H O T S U E C E N I Y O P C C
C O E O C H O H D A Q T F N O U K C
E T G L P E P T D T E F S E M U C L
E C R E C R X J N R W E I R C Y O I
S A F E C M E E S D W P U E O O U M
Q Y P S K I T C A U O V I B M C N A
G I T T A A S W I T C H B A C K T T
I C R O P F O S M Y G A Z G I Z R E
H S U C A I R N G A B T R I D N Y Q
X F E R M O Y I M U R E I H P P R T
```

Barbeque

```
V J I A A M E D I U M R A R E U U
T N M M E R R V M U W P V M R E W
M A R I N A T E S K E W E R E Y Y
K E F M O G I D Y R D Y E N N O I
C M S W D F P E P Z S P A T U L A
H E T F L I P C Y M C H I C K E N
A D U D L S Q K G U F N I F T J N
R I E S E M A L F I A V E F I R E
C U P D W W E J E D W E K S T P S
O M D U L C R K V E B E E L L O R
A W D E Y G A S U M N A T S L R M
L E H T F I R F E U R K C R I K V
W L I K P I O P T R A G H E R O R
E L S E N O D R E V O P U B G U E
N O I W A E L N A X F E P M D T T
R V U G A I C O O K O U T E T Y C
```

Swimming

```
B A C K S T R O K E E R C S F C L
N R K J H F D L A P I N C T R D L
R Z F A D Q J O L N T O I F E W I
F I P O J C T B L S T R O K E F R
I O G E P R E C F P N U S X S G D
R J Y N K J E L I D H T S Z T N Y
N E N L E O G C M B R I W F Y I N
Y S T E F S R C O E O Q N L L V S
U K V A T R D T A V D R T K E I N
N N Y I W W E M S S E L E C I D H
A U N N S R L T C T E R E A R C M
E R R T V I E X I P S L Y Y E T K
C T I T N P F D M U E A G F O M M
O N Q E E F L S N F B U E G D U F
W A T E R S Y F E U A A V R O A U
O R F L O A T I N G I E E A B G B
```

Dancing

```
C S P X S S P L J L A C F P T O E Z X
P O H P I H P I I C D P C A E O I L T
I R S T O Q K T E S L A X A L S G M G
U O A E C M L S W S E K S G L R O B S
I D M O L L A I H F W L U U A R O C B
T B B R E L W P J L L A B C B N B H U
E A A E X T E B A R N D A N C E E A B
B L I L F A K A I W K E U A I G E C B
L L B O B P A P N Y A L P Q N O E H L
P R U B E D C D C T P A M E K O R A E
I O T E L A I Y I J C S R B A O N E D
P O A B L N E F A H M E U I A T S A A
O M A E Y C T H E T M M M N R D D K N
B D D G D E P D K Y P F U A E O E P C
E A A U A A A D L I N E D A N C E M E
B N G I N N S A L S A I I L D R J I R
M C I N C F L Q W G W Z H N G S L V K
Y E O E E B R E A K D A N C E C E M L
```

Baseball

```
F N I C Y C D T F E K D J T F G
R T I H E G S A O I T M O K E O
A E E U A E N U P O E B E E U Q
N E P L L U B I U I P F P T B S
L B S L E F C E G V P I G A E G
A P A F T N I U E G H E T B S N
U B S T W A L K R W U T E D A I
N B R V T S G Q O V E L R I B N
C A D H E E U E O R E M S R G N
H H O T C O R N E R H B A E R I
A S S I S T E L B U O D A R C R
N N U R E M O H K Y R S U L P Z
G G T F T U O E K I R T S N L U
L T I U I M I E R E T I B F A L
E T E W O R I V P U S O F N R O
```

Basketball

```
I S M T I L A O G D L E I F A W P E D K
D F E F K N U D M A L S T U F D O Y C U
T H R E E P O I N T L I N E C F Q E F A
R E R A A E Z T O G T S S B C O A C H E
D N L Y S I F A S T B R E A K O O Z P T
V W O B T T D U I I C L Y L S U E V Z R
A A F R U X L L A B R I A T F N W F U I
M C O I E O F R E E T H R O W L I N E P
L U E E A E D R A O B K C A B T S U S L
P U I O P O S E T U O X O B H A W M S E
E L B B I R D E L B U O D E F S I P C D
N T V E W C C U R B Z P P W V S S H R O
T U X Y I U W I F O U A O I E I H Y E U
E C I E S C Q E U R I O J O U S I T E B
C I C T R A V E L N B J D H Y T A Y N L
E S U T V B T U T R U P K Y A E L Y I E
A E I T M A E E I S R H P I E T L A M O
I D Y W L L P C X O L Q S R V M N L F N
R E T Q N L K W A F L L A B P M U J A L
```

116

Football

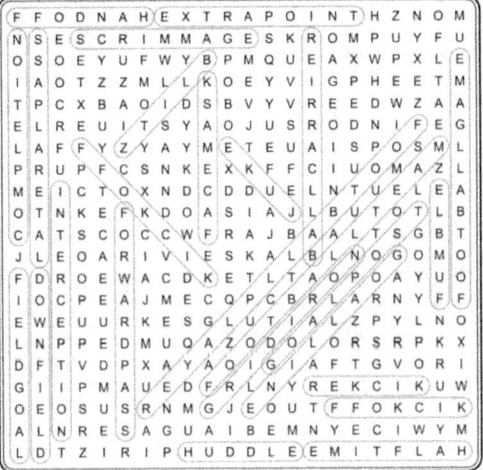

Chores

Painting

Grocery Shopping 1

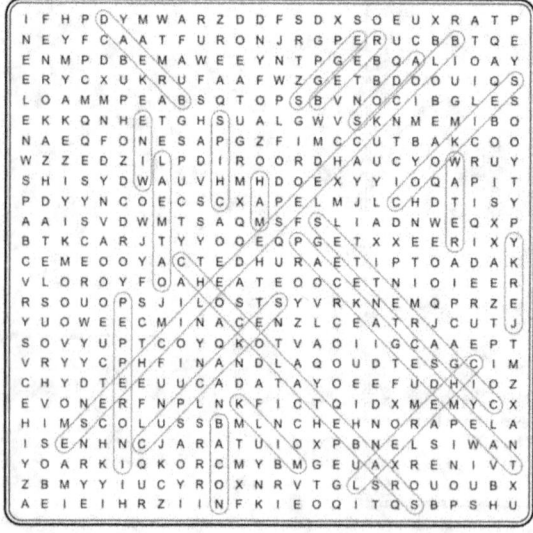

Grocery Shopping 2

```
Q G F D O O F A E S P N A M I S I X U H
I S O I B R C N V O I U S O E X U O D I
U L P R S B B O C Y Z E R O O E I B R B
T L E B P H I S A Y Z S T R C L C R P A
E O C D A L S E T T A A M I S M C L A X
O R H Z T E C M S P T T R U E I J E F U
G I O A R G U U A O B W C T H L P E Q Z
E L T E P S I G P P A A G O C K G F Z E
U E D P S A T E W F N F W M I S F F T E
H D O A R U S L O V A F N A W H E O F I
P N G N E S A R T X N L E T D A E C T N
I U S C B A O E T Y A E K O N K O E P C
N S P A M G T S O O S S C E A E O X I F
O E D K U E I M S G Q Y I S S S E T Q F
R I H E C S O N N H M G H E F K E E M I
A D B S U K O E S U F J C S E L P P A I
C N U E C M S F F R R Q Y A C F C A S R
A A O T E Q C T S T A E V U J T O S D V
M C E L S K L R E S N F E S N I F F U M
```

Gardening

```
H C C O F P O L L I N A T I O N V X B U
D E W E F A E T T S O P M O C N Y S A N
B A C C O E T O A B I E N N I A L B R F
H X Y F E J O K D E T E R M I N A T E R
R T H N S S A R G H C N U B M V X C R A
A R I A E U X J T H F O W C I E P O O M
V C Y B G U R I X R R A F O U P T D O E
I U W V R I T D A U A C C P I I F R T E
T T S O B U A R S V R V D I F W O N T I
L T T U E M C S A O F R I P S C I R R S
U I E C P Q A U P L O O F T L S N A U R
C N B I C R Y R C E R S A A L A A O Q M
L G N O G I O O Q Y K Z Y A U U U R A E
D G E B L T D E P P A L R U B D C N B A
U O A E A T H C S A Y E K J I J N U E G
U R I T S O R F X Y Y A Y C K U P R R D
C T I M N O R T I U G C E Y A J A E Y C
P O T O I Y P Y N D O D G L M T A U U F
N O A U X O B R E G D O R Y E R N Y C H
```

Bonfire and Fireworks

```
I R M C F Y W A O B A C T O N N T
I G C I E O S R E K C A R C O O S
L O R O L E P S Y G O Y G V I Z E
A E A M N O R F M A T C H E S W R
S M J U O E Q T L A U R M F O B O
N E R D L I H C E A E R D E L A F
J U V T N J P A F L M C R F P L D
C A F P I A O P K H I M B S X E O
A T K M G O I R O G S A A Q E F O
M X A R H I A E A R C E N B M I W
P E I Q T P S R E K O K E T L R E
F H I Y S S E A Y F G C W O L E R
I R U N E T Y A N M F P K A N D I
R M Y X T E R Y U D A I A E Y S F
E T B E I D V E B R R L G P T P O
I Q Z E E R E E K O I U I Y I U X
```

Picnic

```
F I G A R D E N P A L L E R B M U
Y F U D A U X R R A Q Y D O O F W
S P U C O M E D K E R B A N B U H
R E P M A H B U R P E K A L U I Y
B T A O S T P O L I T B A L G J C
A M T D R P F A O S N N S O L C A
S X Y R E L T U C K K K S I R N R
K A L U E E X O E E S A S E R W D
E H O W S P F S T C N Y N E E F G
T R W O J F K O F D R N D O R P A
S A L M E Y C A W R E R T O E P M
Y E U E E T X I E S L A R U G Q E
O U M C O P C J I E O F F D F A S
L C C D E H K O O E O H O I E F A
O M R G D N W A M T C P K T C T A
B E N C H E S T H E R M O S A B L
```

Film Festivals 1

Film Festivals 2

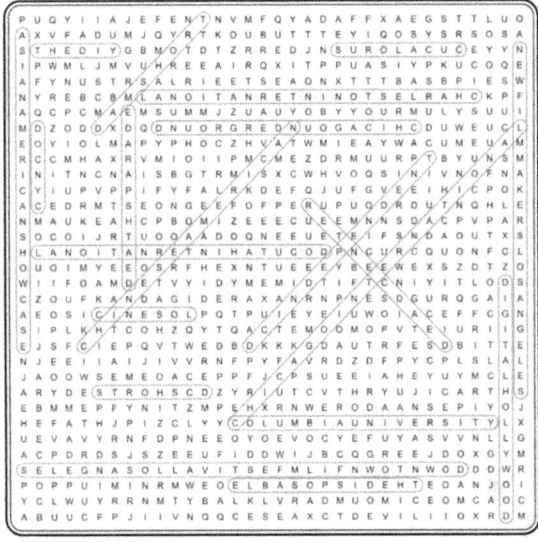

Theme Parks

Animals 1

Animals 2

```
O Q E N O O C C A R B M Z Z O S
S J C O U G A R S T N K E U I T
V I A S Y O A O A K N Z U B M P
U O E R P T M K O N R D I L S D
U T W N S S S H S E E A E U K R
V T H D I G A C P R K I H R U A
B O E R Q R T W O E M A H S N D
U V C O S A E M U R L B N I K
T E U T C L J V W A P I I S I O
T D E B O V E P L X M I C S E C
E M O O S E T U W O I U O A O A
R B H K W T O D Y O W Q C N N N
F G T F L A Y L U A L Q Z T S A
L B E A R E O N U M F F Z F N I
Y O T T E R C Y P M X I M Q I E
```

Memorial Day

```
E F H V A H T U I I R G N I T N U B Z
U S J D E C O R A T I O N F L A G E L
T C E P S E R Q E P A T R I O T I S M
C O L D G L O R Y C W O U H S O R W F
N O I T A R O I B N N R T M A E U P E
N O I T I D A R T V S O E S D M V R S
T M A R T I A L G C E E C A E I O O C
N Y A C S O R A O E A E R Q T Q L C O
E M S O D I J E A M N A M V L H U M M
P I C N I C W I R E P P S R I U N T M
A X T D P B M C V T A M Y H E C T I E
C E U C E B R A B E O B S E R V E N M
U U H O L I D A Y R D E T M R Q E U O
D O U E U P C O T Y T E E I P B R Q R
N E D W M E M O R I A L L D U Z C I A
M Y G L T X E M Y O T O A C A J E S T
D S A C R I F I C E U E A E F R E H E
L C K K J S F F D R R H E O Y J F O E
```

Independence Day

Sealife

Sealife 2

American States 1

American States 2

```
T R K C X E P M A R Y L A N D V P I
T W Q U G D K W E S M A Y E X I U I
A S A R Y O O Q N G K U Q N X S E A
H S I E P I B C K E N T U C K Y N W
G E O R G I A U D O M A P A R W S A
R Q W A N A I D N I L L I N O I S H
R R E W M A S S A C H U S E T T S F
M Q N A M I N N E S O T A I N G H L
I U I L Y E A H K M O N T A N A R E
C T A E C E P N D U P U O D S M E B
H C M D A G Z K A N S A S P R I N R
I Q O W M R I E I I I O R P U S Y A
G T Q I D A H O O Q S O C N E S E D
A U N Z E M Z O J A F I P Z G O P R
N C T W A K S A R B E N U L U U E H
X F L O R I D A V C A D P O N R X N
I P P I S S I S S I M S N Y L I M V
```

American States 3

```
X H M K P Z Y P E M P D O V E E H U P A
N E W Y O R K T E X A S Z T T Y E R O T
N E V A D A V P H T O Y U N E A E O N O
Y E W T T O P T T I N C I S U C A K I K
E Y U N I I V E R J I O R M O T F I F A
W A M O H A L K O T C E O L O Y P I S D
S N C M T C O F C I J H O K E I E J Y H
O O G R R E X E X W A R A R O S N T D T
U R R E F O N E E T A D I G E E N S M R
T T O V C N M N U D H H I E N T S M Q O
H H H F O W I S O T S E S M I F Y T E N
C C I C E N S I U P I S A Z Y L L E Z E
A A O N A J D O M A E P Y O Y C V T S E
R R B I J F S A N N N S O I I Q A S T W
O O U R V O H O N O U O P E X F N D E T
L L U T E W G E I U I U M S M A I B S S
I I B X E E T S B R R H M B U C A O J B
N N I N R H O D E I S L A N D O I D I S
A A C O N M L H G Z D W Y E X T U M X U
```

Presidents 1

```
W R E E M R Y O U D Y Z M A R A Y
R J B A D A M S E U X M D E I S D
O O T L P U A M R D N M S O U N Y
L H N R N N U S O A D M T R Z P M
Y N A V O N Z M M N L G J V N O H
A S R A R Y X A L O E F Z L N K S
T O G N O E X D L S I T O R L N E
U N I B I F L A I I F L O O R O Y
O S R U S O S Y F R R E P U X T A
P I E R C E I U T R A O H M L G H
A M D E A K R Q W A G T M A T N G
E E I N R O U O O H R O N D E I B
J E F F E R S O N A E G I I E H A
N A N A H C U B M I V Y C S E S K
C I M I X C Y D U L S I I O T A E
M O J J A C K S O N W M M N P W D
```

Presidents 2

```
E C O C N U O D R O F T A F T W U
D U A W W Y M N H S U B V E W A K
U D J I R F C A L S R T N O X I N
O E N L F Z K L N Q A L I P G Y O
N E O S S T I E C D D E C U I R R
U Y S O A R N V A K I V E X B H E
E D I N M U L E R M V E G W N A W
O E R F A M E L T X Y S D U A R O
X N R V B A Y C E J I O I C G D H
Y N A N O N E T R J M O L L A I N
T E H N Y K M E D N M R O I E N E
R K X C L E V E L A N D O N R G S
U Q H O O V E R M T S C C T E H I
M C A A E G N E N O S N H O J C E
P Y J E U R A R J C S I X N T N O
N N U E E R B E Q U T D U X Y D A
```

Horseback Riding

Amazing Foods 1

Amazing Foods 2

```
D M V E L R P E N N X I F A T O I O U I
S S E R N P M Y Q V E Q F I A S E R G I
N W R R O T O R Q D E M C A B F R H I V
U H N R O T Y R A T S R U W Y R R U C E
B I M A C R O N S S T E A K N N M I U Y
K T G E M O A D T I E A C I G O R E I P
R E S K I A V A M F A P K K F D I U R C
O R C P R B K Y M O N P A S T R A M I H
P A O L A G R I L L E D O C T O P U S I
R B K A O N A K U H S K A H S R M C E L
A B O Z W O L D O T I R R U B A E F I L
C I N A E L L A A S Y A P D E I A U S I
L T O A U U I Z Q E L T I V D V T I T C
E H M T R A D B T E L B R A E A F G S R
T F I H G I A N A T A C O S G C R W O A
T V Y E I X S J K D E B A Q S A U I P B
E U A N P O E I O A K P U R I W I L A T
I I K E C Y U G T B O L J M A Y T O C C
P L I E U M Q S O I P E U I A A Q H O E
```

Amazing Foods 3

```
H M U K A R N B L L S R V A U C G R
M C M W M M P E K Z G U U N N T D J
P M A Y D E F P N I N N U F N E E P
E L A X Z A A U A T I E D C X A C G
E K F I L O O E F Z L N U U F S P B
R N O A B F U N E N P E P I E A A B
A M F H M E S N H A M R G T R N V I
T A U O C E R O U L U M I I L D L R
R A J Y O I A I U R D R B B A W O I
A T U D G D T T C V F S A M M I V Y
T N O E E A D R P O L B M K I C A A
P C G R F Q W A A I E A E I N H E N
S C E V I C H E L K E M K P G M N I
D O R B E R R O M S A O E I T X F M
T W U U D A R E P A S D T H O S R N
I Z A D N A M C R C D O P S N M E G
V L A R O C E T I H W S P C Y Y D O
```

Birds 1

Birds 2

Birds 3

```
O Y S T E R C A T C H E R A F T U D E
U A S G B R E V O L P B A R C Z X E S
U N P F U I E E T R O P I C B I R D H
D A Q G T K N Z U E P L P E C A I N E
P C T A T T K E S A P L N I Z S B S A
T A N L O Q K N L S U O Y W T T R S T
L J N L N C C P Z L O E F R S E E O H
I B A I Q C I H H L U M P E N C V R B
T Q R N U O H K B M E G Q S A O O T I
S I R U A O T F Y Z J A A A I V L A L
J E U L I T R E E S W I F T S A P B L
T Q T E L N G V D L I T P S F N I L M
A E J G O E W K U A R E P I P D N A S
P L O V E R S N I O I B I S B I L L D
E R E D N A W S N I A L P I S L I A R
Y S P A Z M A Z X D E U N E I E O H N
E F O U L O A U K S D A O D N U M T T
G S I Y Y U N A E O D R I G S Q T D F
```

Plants

```
U E K T S Y C T O T C Q D I G R E V S N E I Y U
N Y C D U O C B R E W O L F N O O M N U N O X K
D P E F V N C N I U I J P U I M E Q O X M U V S
T P N A C D N C I S Y Z O U F Q D P W V B E E P
C D I S U D Y M C P H F F K A W H R I K U S N Y
O L A C E P L A N T A O F I M E M F N F S H W U
R E L L I N E H C P E E P J B S E Y S G V S C S
D A R O L F I C U A P A I S L E F N U R B U E E
Y S T A R S O F P E R S I A C Q I E M D F R N S
L M P F Z E B R A P L A N T O A D T M U O B T R
I B O U N L M S C R Z O D M Z R P I E I X E U U
N U I O S R U Q G K C D I R C M C V R C T L R P
E X S Q G G C D U Z T R D C S O U H A F A T Y S
T R A I S N A M G R U B O B Z E T F I S I T P E
E Y Q W I C D S F A C R O S P X R T O D L O L I
R M N T D R A G O N L I L Y X K R I T M P B A D
M T J M H T M T H M M E G E L E K V S D L I N A
I O M Y K E P I P S N A M H C T U D F M A Q T L
N N Y U A Y I Z L Y K V K P T C U L X E N W U L
A D X K A O A F T U X W D R N O B I U O T M V F
L I S P I R A L G R A S S D E E Z H P D O Z P A
I K A N G A R O O P A W E L E P H A N T S E A R
S Z Y A P D N A L O V E L I E S B L E E D I N G
```

Trees

```
W O K P O P L A R R V R U E J P
J T U U N R O R A C A C I A C P
K Y C O T T O N W O O D X O P Y
Y M G J A A F E V G A I F N L D
U R B Q U V S S D O O W G O D O
P T N J U Y T B N O A Y D I F O
D N O M L A C Y P R E S S C W W
V S L I R B A B O A B W W H T D
A P I D E A O B A N Y A N E U E
H U A E H D R E D N S R H R N R
C T R C P H A R Y A U R S R T C
R E E E K U D D O Y R E A Y S A
I E T C Q R E D G B T D I N E C
B B A L S A C Q O I I L J P H A
U N E P S A Q X D U C A S H C O
```

Flowers

```
M U R A A E T N A L P N O G A R D I
F E C O R I A N D E R Y E Q N R E A
D A N D E L I O N A S D Z T P E U E
K N I P E V O L C W G U O M Q G V M
L I U P S P A F E U M P X C C Z Z S
A N T H E R I C U M P U S U K I R I
C N P O E F N A S T E R C H I N A D
T R U M P E T F L O W E R F C O T A
M L K X U D C F R E D D O D C O I T
D J P G D A Y L I L Y A I N O A R E
T M R Z U F P U E P S J G F L Z I L
W N F O D F I L N P U G W T T L O E
D A I S Y O A A E U A O U V S A Y Z
Q Q B T A D X N I J R E C T F Q I A
Z F D T R I X V I C U M A P O Y Y H
W C N I S L S U C S I B I H O D V B
W M B N I E N I B M U L O C T E I O
```

US Small Towns 1

```
P P M I Y E L L O W S P R I N G S E
X S I Z R A J S T T B E A J Q O C I
H A B H K G M J N Y A U D W U I I I
E E A E A C B F V A A P D G L K T G
Z I L L N S O L N T Y P T U H E S C
A U E E D E L L I V N O O B L N Y I
C N E R N R H A R O C E D Z S O M S
A E R H U O N A P L E S A A X S U T
S J E I Y C R H Z U F I U E O I P I
H A D N A H B A U U Z L O E A D O M
I V I E M E R A D I O F U E H A M A
E L V B E P J I M T H O R P E M O R
R T L E P O M E A U E M P O F E I F
S Z E C A R B I A N O T H G U O H A
J B B K C T S C H A U M B E R G U D
N K S A V A N N A H W S E W A N E E
D D U T N U S M Y Q Z A U O E O V E
```

US Small Towns 2

```
D D E A D W O O D G E P U C M C C B A
O F R P E M P I C A E U G S U O G E S
M L V E N C Y F S A Q N S I Y L O R E
S W O O D S T O C K N A E A E E B J S
T W U P X D E O D A M C M V M A A A O
O U P K R S R P P W T I O Y A D I C H
W A K T I S E A O V H E J A S V L K Y
E F T I S M X N W C K D Z F I I E S K
C J Y L P A S Y M E F I D V M L Y O E
C I I E R G C K A M S S G E Q L S N T
X E R A I N G S H A G A C E I E U I C
M Q P N N O E G Q F P E N S G R M T H
E C U A G L B I Y N A S H V I L L E U
C E C H D I G B M A N Z A N I T A R M
I E S A A A M E N D O C I N O F R E F
P T P E L C X W Z Y E T H F Q O O Y A
J R A P E L E M A Q T A U U O V U U I
K E N N E B U N K P O R T U A P X N T
```

Companies 1

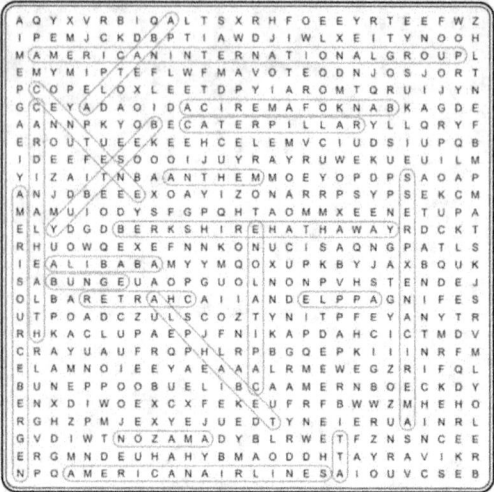

Companies 2

Companies 3

```
L O C K H E E D M A R T I N L I R C E
G E N E R A L E L E C T R I C O B K N
S R O T O M L A R E N E G B E M W T M
U A I M A R A T H O N S A E F D F E L
G E N E R A L D Y N A M I C S O U O S
R R G I I O M Y Q T W W L G S J X N J
V D R A Q J O H N S O N J O H N S O N
M P A A S T N U E H F Y R W O U E S A
D E M J P M O R G A N C H A S E Z O N
H U R U P I S M P P I L U I L I M U E
N U G C S V U Z M M H O N E Y W E L L
O X M V K G I M C E R T T K O U C R F
S N S A D U E A S O F N D R X R P M M
S K T I N R W M C O I I R Q R A E P C
E N N R L A O E F H L E A T C J O T R
K I N W L G Y F W T T E I P W R U I O
C T E I F G H Q F X E E S B J Z E B G
M I P C L D F P T C M U W D M X T E F
```

Car Brands

```
P T I A A N I T R A M N O T S A D V
X A M E A D C A Z S Q H S N U X H O
A D U S C F Z G V E Y Z M M X E M L
L N A U G X B A N F P A Z R E R D K
F O P B E I F T M I F E R R A R I S
A H I A N H C S H H S W W L C O N W
R W G R E S E A R I W S P Q R A N A
O G R U R I I D I I M I A S A M D G
M J D E A B E Y X T N Q P N E R U E
E R U F L U Q N G E N A U R O O C N
O T N G M S J E A I F O C F A O X R
P V T A O T Y I Y F A E P E C A I K
N O O P T I K R E O D D H L N Q C N
D L Y X O M S X H E P A N Y T E H M
T V O S R B M W S C W N T U D B I L
N O T O S G F F V A U I I A Y T M V
S T A V P T E L O R V E H C T H G H
```

135

Museums

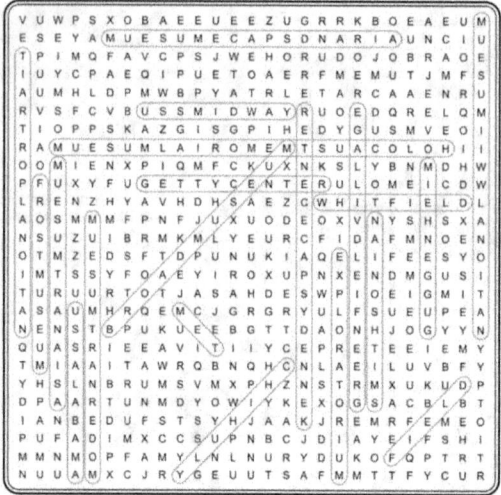

Baseball (MLB) Teams

Football (NFL) Teams

Soccer (MLS) Teams

Basketball (NBA) Teams

```
O S H N U Q I S P U R S T O Q X G I
R N O N E F U A J U P W I T B O O M
O O R R T U V I A A I H E N A B A A
C T N T N U A W Z Z Z U L O U E P G
K S E R N V T G A I F Z B L W E H I
E I T M A V E R I C K S L U L E T C
T P S I C G D E Y N B E R I T H P I
S U N S M S Z M O S T R C C Q C G I
L B A U V B I E J S K A A L P I R K
A O S Y K E E O L S N V A I V C I I
K F H R B N C R B S A H A W K S Z N
E N D O O F I K W L Q K E Z P C Z G
R J X N E T S C I O Z N H P D I L S
S T N T D E P E K A L U G E A T I E
S R E C A P R A U S M V H Y A L E P
I S D J U S T U R C N Y E I S E S K
W A R R I O R S X P T O E S Y C D O
```

Countries 1

```
O C I X E M B A N G L A D E S H
C H T N S B R U N E I X E S A P
X A W I R O V Y I D N A L O P E
P U N U T U S W E D E N Q P Z X
O E D A R A S P T U D B M F H A
R K I U D M L S R T S U R I I N
T G E R M A N Y I O U A N V F E
U E I U D I U B X A N D I J C W
G E V O F B O Y Y C I L S S D Z
A J P P H T D U E A O F D B N E
L R P U S P N A E B Y N R V A A
P R T W N T I A H M Y A I F L L
I A A P S I A A P A Z J L E E A
N N G S R W P E B I U Y X R R N
A R U I I D S Y L X I P B D I D
```

Countries 2

```
W E G U F N J I P T F L I I H S I D W
A N G O L A E M K L X F E S A U E W Z
M Z I G L S A R Y C D U O M N T O U M
A E R Y L N O C H U Z D A M I A D T E
U N E E T N I I O D A H U C T Z N S N
S G F E X I N R T B A I S A N E A D N
T S I V E A J U R B G C E M E R L T A
R V T R S R F A J L E G N O G B I I T
A V H C O H B U E A E V I E R A A N S
L P L S A A U B I L K A P E A I H D I
I F C J E B X N R K U I P A L J T O N
A K E S L D E N X P Y R I R C A U N A
D O L C F M A Q Q Y R T L R O N V E H
T R U U R B E L A R U S I O B S T S G
H G V A P M T Q G U A U H D R E E I F
A L B A N I A E O N I A P N A O N A A
E G Y P T F F E D A A U E A S H S I A
A L G E R I A F K A M B E L I Z E M N
```

Countries 3

```
T A B D C A B O V E R D E T D Y K U
A C O L O M B I A O O F E B A S R S
C H I L E S O U T H A F R I C A F U
I C C H A I R A G L U B C A N A D A
R A O Z C Q D A I T A O R C A X V I
A M M D J I B O U T I E M Q P Z N U
T B O S A F A N I K R U B S D P C Y
S O R Y X E S M R E I M U L C H A D
O D O K Z C A M E R O O N P C P T C
C I S I F F W R O E E E Y Y D M R Z
E A M Y U K R A M N E D P A C C R E
R D A Y J A D E E Z H R F M U I M C
D O M I N I C A Q D U G M B E R D H
T H P F G T I N N S E I A J I T C I
O J N S N U Q S M A R N Z J U R C A
A I R A B U R U N D I B T T O Q N I
A O N R O Y O T U T E B F P X D P W
```

Water Activities

Sun Protection Terms to Know

Golf Terms

Backpacking Terms

Summer Insects

```
U U O N A H X Z E X H S E N N E D S
H S A T U L I A T W O L L A W S A F
C T S S S J U T X O A O F L Y E N I
A S E D C U M E N S G U B D E B J E
O G E U B B O R M G U B Y D A L T P
R U B J F U S M O A E E F H U I G G
K B O K L T Q I S P W B X A C V U U
C E K N E T U T Q G I E E K B X B B
O U S T A E I E U Q D E S Y R E K G
C R A F S R T N I G P T L S Y P N N
O T D C N F O H T R Q L I A L N I I
E X A D Q L Z O O O Z E V T F F S S
I E C A P Y P E E I O V E K E Z A S
L T I B A J O Q S I D O E U S V A I
O U C G S T E N R O H I W L R F Y K
S F I R E A N T P P U P N P O O H Z
M N T Y A D F U Y P T X N R H E U O
```

Summer Sports

```
S G A T L Q C A N O E I N G O I Y X
Z N E I J G D B L N O F Q D O W K H
D I T U A Y D O L O H A N D B A L L
S W D J V M D X A T S I P S V A A E
R O M T H N F I B N A R E O P Z P T
B R A X L A L N T I I U I A K G T M
R I R S P S O G E M L G W K N B R G
E U C E A T G O K D I B N I E D O N
A M H O N I N D S A N Y V F G N Y I
K T E A S C D E A B G I W Q N N B C
D E R G O S A V B O D I D M I V G N
A M Y A A I U E M U O I D I K P N E
N G N I D R A O B E T A K S A I I F
C C T E X T Y O V E G E N O Y C L C
I C A M Y O A M E J J A U M A L C X
N C L I M B I N G N E Y V M K O Y Y
G B Y O R U E Q U E S T R I A N C E
```

Summer Sports 2

```
L A A S Z U Y R O E E F M E H A I E W Y
L V O L L E Y B A L L I T S S E P S E T
A W E I G H T L I F T I N G A Q U U Q R
B V T A B L E T E N N I S K G R U Z H I
T L L A B E S A B U N D N E F U Z A S A
F M E M D D I V O O L U O I A T R H S T
O I C T U G O F W A R P N U E I O N I H
S Q R N G Y D F R L M G R N D O N Y C L
F D I V I A M I Y I C V N J T S S E P O
C I C E K F L C B N M I E I T G D S N N
I G K A W I U U A U S R N U D W Y F Y E
Z K E E B U N X K I P G P Y U F R O J L
S I T B S O C C E R F O O T B A L L E G
C R O Q U E T I Q Y D V N B A E P A Z U
G E I F W A K E B O A R D I N G A E I E
V F T U A N O O Q J T A E K W O N D O F
W A T E R P O L O N R V A L M P C E Q O
O X V G N I M M I W S N E E D F I N N V
L L A B T E U Q C A R G N I L T S E R W
```

Former US Hurricane Names

```
M L I C U S I N N E D N B P B
B C L I A A T I R O A C A U I
U H A X G R M W U V N S U D O
F A U D P O O P I Y U E A N G
Y R R A L M R L I R E C F I C
S L A N C A O J W I F N A O J
E E N A A T S W I L M A E I Y
A Y W T R T A E Q F E R Z D D
K N O S E H M N E I S F N X C
M R I E A E O E W N N A T P Y
A K I R E W H R Q G S A N D E
A P C A T X T I E R T A E O D
S A T L T A Y A O I E N J P O
E N N A E J K R J D I V D D U
```

Misspellings 1

Misspellings 2

Misspellings 3

Misspellings 4

Misspellings 5

```
A U F V M P S I Z I M D U U E N A
F C O M B T X N Y M A M U C K C D
A I B Y A Z N S I P S E A V R A D
A P R I C E P E R L J E A L O U S
W C A N C E X A M P U O X B B U R
U P O P C O E W O T F F O H E P E
D U T I O P A S W P S E P N S W T
T N A R P W S L H A A U T L E R H
I L A A Y E Q M E T A L J I E E G
P N S H S F A K O G F O G D I H U
J I D S D N I O K P E H D B A X A
D Z I K M N E J L E L L A R A P D
Y V N O C S O T N W O T N W O D P
E D R A C O S C T M I A Y G V P Q
L Y P P I U L S E I U A Y F E U I
P P S D T H R E E S M R N E G F O
```

Misspellings 6

```
R E C E I P T M C M Y B A E E N
R A M E D U C A T I O N R U N O
V S H R U G X B R T O C S R L I
A O M G W S S A M F C P G A B T
G H N E N T E R T A I N I N G P
U S N C I W Q F Y D T C L P W A
E A U N L J P C E F A U S O J C
R R B F O U N R K R U X J M U X
C C F T E C S I I U Q B Y H U E
R F O A M Y H I E I A B K G U A
E R A U Q S L I V E F Z O P U P
C G T M M U I F E E P S O Z R C
G H B A L L A E O F A R P H C J
S N D E K U I F G A P M S I E T
E D E M E N I N T E R R U P T F
```

146

Misspellings 7

Misspellings 8

Misspellings 9

```
U I F A H D F V M T Y P I C A L V
M C Q T Z G P R T H G I E W Y G O
A E E S S E L H T R O W U O I A N
W Q L E U E I Y E P S A M B D Y Y
A C S T C U N T W A S H S B E M E
K G O J I A M H O C C U R L R L E
E C C T S N S M U K E A M E G Q I
N H R J T M G P J F D A C R U E L
O I C O N C E R N M X Y R T H B C
T P T M G R A N D I O S E C A Y M
I W E F R I G H T E N J U O N V V
C U E X Y A M R M G B M N N I U E
E A L N Q Z S V A B U R K F M A V
D F B O Y F R I E N D M A U A S A
U Z M E S S Y V T W S U X S L F R
Y U P W I D O W S S P Y Y E H I B
```

Misspellings 10

```
R E N N I W U K A B A F T Y U J
Y T S F X G D E S A I B N U N L
J E T E I N O Y U J C D J I K O
R A U A B I S N A T C H A I N S
E C P R U T S C I T E A N O O S
D H I S M S N A P P Y R E U W B
E I D A P U M U D D L E T Y N A
T N G V X G K F T E J T P O R K
E G N O S S Q U B E L O N G F I
C Z U R P I C S H I O P U O I N
T F O Y Y D T R T H F M A D X E
I T Y V E E U E C P K X M S E X
V N J T W D D Z M U A D U W D X
E O Y M D A I O W V T I V U Y U
O K O Y E E P P T O I M R U M V
```

www.ingramcontent.com/pod-product-compliance
Lightning Source LLC
Chambersburg PA
CBHW070109120526
44588CB00032B/1402